Fundamentos de desenvolvimento web back-end

ADMINISTRAÇÃO REGIONAL DO SENAC NO ESTADO DE SÃO PAULO

Presidente do Conselho Regional
Abram Szajman

Diretor do Departamento Regional
Luiz Francisco de A. Salgado

Superintendente Universitário e de Desenvolvimento
Luiz Carlos Dourado

EDITORA SENAC SÃO PAULO

Conselho Editorial
Luiz Francisco de A. Salgado
Luiz Carlos Dourado
Darcio Sayad Maia
Lucila Mara Sbrana Sciotti
Luís Américo Tousi Botelho

Gerente/Publisher
Luís Américo Tousi Botelho

Coordenação Editorial
Verônica Pirani de Oliveira

Prospecção
Andreza Fernandes dos Passos de Paula
Dolores Crisci Manzano
Paloma Marques Santos

Administrativo
Marina P. Alves

Comercial
Aldair Novais Pereira

Comunicação e Eventos
Tania Mayumi Doyama Natal

Edição e Preparação de Texto
Amanda Andrade

Coordenação de Revisão de Texto
Marcelo Nardeli

Revisão de Texto
Júlia Campoy

Coordenação de Arte e Projeto Gráfico
Antonio Carlos De Angelis

Editoração Eletrônica e Capa
Tiago Filu

Imagens
Adobe Stock

Impressão e Acabamento
Gráfica Maistype

Proibida a reprodução sem autorização expressa.
Todos os direitos desta edição reservados à

Editora Senac São Paulo
Av. Engenheiro Eusébio Stevaux, 823 – Prédio Editora – Jurubatuba
CEP 04696-000 – São Paulo – SP
Tel. (11) 2187-4450
editora@sp.senac.br
https://www.editorasenacsp.com.br

© Editora Senac São Paulo, 2024

Dados Internacionais de Catalogação na Publicação (CIP)
(Simone M. P. Vieira – CRB 8ª/4771)

Santos, Glauco Pereira da Costa
    Fundamentos do desenvolvimento web back-end / Glauco Pereira da Costa Santos, José Luiz da Silva, Luciano Custódio, Marta Roberta Pinheiro Garcia Teles. – São Paulo : Editora Senac São Paulo, 2024.

    Bibliografia.
    ISBN 978-85-396-4428-5 (Impresso/2024)
    e-ISBN 978-85-396-4427-8 (e-Pub/2024)
    e-ISBN 978-85-396-4426-1 (PDF/2024)

    1. Algoritmos 2. Banco de dados 3. Lógica de programação I. Silva, José Luiz da. II. Custódio, Luciano. III. Teles, Marta Roberta Pinheiro Garcia Teles.

24-2212r   CDD – 005.73
                                                   303.4833
                                         BISAC COM014000
                                                COM018000

Índice para catálogo sistemático:
1. Estruturas de dados (computação)   005.73
2. Tecnologia da informação   303.4833

Glauco Pereira da Costa Santos
José Luiz da Silva
Luciano Custódio
Marta Roberta Pinheiro Garcia Teles

Fundamentos de desenvolvimento web back-end

Editora Senac São Paulo – São Paulo – 2024

Sumário

APRESENTAÇÃO | 7

ALGORITMOS E RACIOCÍNIO LÓGICO | 9

Princípio do pensamento computacional (4 pilares) e o conceito de algoritmos | 10

    O que é o pensamento computacional? | 11
    Algoritmo | 15

Tipos de algoritmos | 17

    Descrição narrativa | 19
    Fluxograma | 20
    Pseudocódigo ou português estruturado (portugol) | 22

Lógica de programação – estruturas, funcionalidade e aplicabilidade | 24

    Variáveis e tipos de dado | 24
    Constantes | 25
    Atribuição | 26
    Operadores aritméticos | 26
    Operadores relacionais | 27
    Operadores lógicos | 27
    Desvio condicional | 28
    Laço de repetição | 29

Arrematando as ideias | 31

BANCO DE DADOS PARA WEB | 33

Banco de dados: diferenças e aplicabilidades | 35

    Banco de dados: conceito, tipos e volume de dados, evolução | 35
    Modelo conceitual e lógico | 37
    Conceitos: relacional e não relacional | 42

SQL – structured query language | 56

    Apresentação e a importância da linguagem | 57
    Conceitos dos subconjuntos SQL | 58
    O que é um CRUD e sua relação com a SQL | 65

Princípio da segurança para banco de dados | 66

Arrematando as ideias | 69

Tecnologias de back-end | 71

Tipos de linguagens de codificação mais utilizadas | 72
    Linguagem back-end e integração com front-end | 78
    Ambiente de desenvolvimento | 80
    Versionamento com GIT e compartilhamento com GitHub | 82
    Cookies e sessões | 85
    Orientação a objeto | 87
    Integração com chamadas externas | 99
    Segurança | 109

Arrematando as ideias | 119

Arquitetura orientada a serviço (SOA) | 121

Objetivos e benefícios | 122
Capacidade de reúso, autonomia e independência de estado | 123
Versionamento | 125
    Recuperação de histórico | 125
    Resolução de conflitos | 126
RESTful | 127
    Conceitos de REST | 129
    Tipos de requisições (POST, GET, DELETE, PUT e PATCH) | 130
    Interpretação das operações, parâmetros e processamento | 139
    Persistência de dados e gravação em banco de dados | 141
    Recuperação de dados de dados | 143
    Persistência parcial de dados e gravação em banco de dados | 144
    Validação e exclusão de dados do banco de dados | 146
    Códigos, respostas, mensagens personalizadas | 152
    Melhores práticas para autenticação e tokens | 154
    Chamadas síncronas e assíncronas | 155
    Envio de parâmetros e tratamentos de respostas | 157

Testes unitários | 162
    Conceitos e ferramentas | 162

Arrematando as ideias | 166

Referências | 167
Sobre os autores | 171

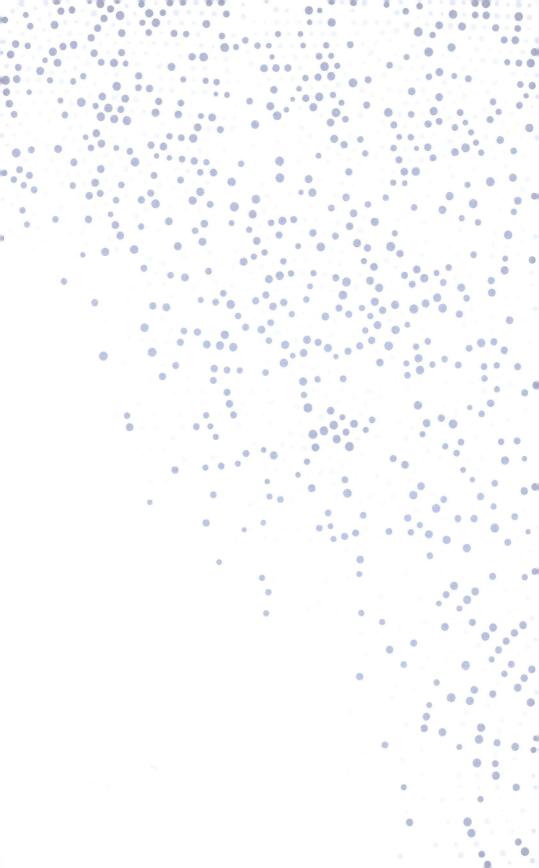

Apresentação

Convidamos você a embarcar em uma jornada transformadora pelo universo do desenvolvimento back-end. Este livro é o fruto de nossa colaboração apaixonada, uma obra que sintetiza anos de experiências intensamente vividas nas práticas profissionais do dia a dia e em nossas pesquisas acadêmicas na vanguarda da tecnologia de servidores e serviços web.

Neste livro, compartilhamos com você os princípios essenciais e as práticas inovadoras que definem o desenvolvimento de software de back-end, desde a arquitetura e design de sistemas até a implementação, otimização e manutenção de códigos eficientes que sustentam a internet.

Por meio de uma linguagem clara e de fácil entendimento, com exemplos práticos, desvendamos os mistérios do desenvolvimento back-end: oferecemos valiosas dicas conceituais sobre o uso de tecnologias de programação web, bancos de dados relacionais e não relacionais; exploramos os fundamentos dos frameworks mais influentes da atualidade e abordamos a integração com APIs, segurança, escalabilidade e performance; e revelamos também algumas das confusões mais comuns que ocorrem entre os iniciantes em desenvolvimento de software back-end.

Você perceberá, durante os quatro capítulos, que o conteúdo é baseado em todas as etapas necessárias para desenvolver um projeto de back-end com excelência, desde a concepção até a produção e manutenção.

Nossa missão é equipá-lo com o conhecimento e as ferramentas necessárias para desenvolver serviços back-end robustos e escaláveis, capazes de fornecer experiências on-line memoráveis. Seja você um entusiasta iniciante ou um desenvolvedor experiente, este livro é um convite para crescer e inovar conosco, enquanto moldamos o futuro dos serviços web e melhoramos a vida dos usuários.

Junte-se a nós e descubra como transformar linhas de código em soluções robustas e eficientes que suportam aplicações web usadas por milhões ao redor do mundo.

Tenha uma excelente leitura!

CAPÍTULO 1
Algoritmos e raciocínio lógico

Você acabou de acordar e está se preparando para ir à escola ou ao trabalho. Quais são suas ações? Por que você faz tais ações todos os dias? Pense nisso por um instante. Essas são ações tão naturais em nosso cotidiano, tão comuns, não é?

Com isso em mente, podemos pensar a respeito dos algoritmos e do raciocínio lógico: por que será que em um livro de algoritmos e raciocínio lógico foram feitos questionamentos de suas ações cotidianas? Por que essas ações são executadas? Nossas ações tão "comuns" e "cotidianas" podem ser pensadas de forma analítica e transformadas em uma sequência de ações e resultados?

Nessa introdução, pretendemos trazer à luz o pensamento computacional aplicado às tarefas do cotidiano, de uma maneira simples e descomplicada.

PRINCÍPIO DO PENSAMENTO COMPUTACIONAL (4 PILARES) E O CONCEITO DE ALGORITMOS

Certo dia, Luiz Eduardo acordou, se levantou, tomou seu café, se preparou e saiu com destino à escola. Seguiu pelo caminho de costume: saindo, a pé, de sua casa, seguiu à direita, até a esquina. Chegando lá, virou à esquerda e caminhou por três quadras, até chegar ao Mercado do Seu Custódio. Nesse momento, virou à direita e caminhou por mais uma quadra, onde se encontrou com sua amiga Giovanna. Os dois viraram à direita e andaram por mais duas quadras. Pararam exatamente no portão da escola. Luiz se despediu de Giovanna e entrou para a aula. Ela seguiu seu caminho.

Após ler o texto anterior, seria possível refazer o caminho exato que Luiz fez, saindo de sua casa até chegar à escola. Pensemos, por qual razão Luiz fez esse caminho? Era o de costume ou queria encontrar com sua amiga? Queria passar no mercado? Será que era o caminho mais longo para a escola? Ou o mais rápido? O texto não nos dá detalhes suficientes para sabermos porque Luis decidiu seguir por aquele caminho, porém podemos afirmar, com certeza, que Luiz teve uma razão que influenciou diretamente sua decisão.

Figura 1.1 – Caminho do Luiz

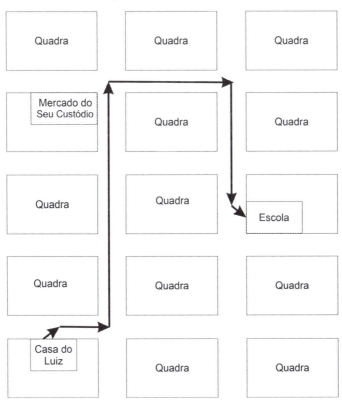

Veja na figura acima e responda. Luiz fez o caminho mais curto para a escola? Qual seria o caminho mais curto?

Nossa vida cotidiana é repleta de decisões diárias, muitas vezes tomadas de modo automático e baseadas em nossas experiências. Nossa proposta, nesse livro, é que, daqui em diante, possamos trazer consciência para a ação. Para isso, iremos utilizar o pensamento computacional para exemplificar as resoluções de problemas.

O que é o pensamento computacional?

O pensamento computacional surgiu no século XX. Em 1971, Papert e Solomon demonstraram suas ideias iniciais em um artigo. Em 1980, Seymour Papert utilizou o termo "pensamento computacional" em seu livro *Mindstorms: children, computers, and powerful ideas*, mas foi em 2006 que o termo se popularizou, a partir do artigo de Jeannette M. Wing, professora de ciência da computação da Universidade de Columbia.

Segundo a definição de Christian Puhlmann Brackmann, em sua dissertação:

> O pensamento computacional é uma distinta capacidade criativa, crítica e estratégica humana de saber utilizar os fundamentos da Computação, nas mais diversas áreas do conhecimento, com a finalidade de identificar e resolver problemas, de maneira individual ou colaborativa, através de passos claros, de tal forma que uma pessoa ou uma máquina possam executá-los eficazmente (Brackmann, 2017, pág. 29).

Explicando de maneira simples, o termo faz referência à estruturação do raciocínio e à utilização de fundamentos da computação para resolver problemas, com passos bem definidos e que podem ser executados por uma pessoa ou computador.

IMPORTANTE

Vale salientar que o pensamento computacional não está restrito somente ao âmbito da computação ou ao mundo acadêmico; em sua utilização, encontram-se benefícios na resolução de problemas de diversas áreas do conhecimento e até mesmo do cotidiano, por exemplo, escrever a receita de um bolo ou saber manusear um micro-ondas.

A resolução de problemas, complexos ou não, passa pela utilização do que é conhecido como os "quatro pilares" do pensamento computacional, que são:

- decomposição;
- reconhecimento de padrões;
- abstração;
- algoritmos.

Falemos mais sobre cada um deles a seguir.

Decomposição

Decomposição é a ação de **segmentar** um problema complexo em problemas menores. Quando realizamos a segmentação, normalmente, os problemas menores se tornam mais fáceis de serem resolvidos e, uma vez resolvidos, compõem a solução do problema complexo.

Voltemos ao caso do Luiz: seu objetivo era sair de casa e ir para escola. Vimos que ele não fez o caminho mais curto, ou o mais rápido. Para decidir qual caminho fazer até a escola, Luiz **segmentou** seu trajeto a fim de atingir outros objetivos necessários para o objetivo final, como comprar um lanche no mercado do Seu Custódio para o intervalo das aulas.

Tente pensar quais seriam possíveis segmentações para:

- o processo de trocar uma lâmpada;
- o processo de executar o cálculo da tabuada.

Reconhecimento de padrões

A decomposição nos possibilita, de uma maneira mais fácil, reconhecer padrões para a solução dos problemas menores. Por que reconhecer padrões é importante e quais são os seus benefícios? Pense, por um instante, e formule suas respostas.

Reconhecer padrões é encontrar similaridades de soluções entre processos ou problemas distintos. Ao reconhecer tais similaridades, a solução dos problemas se torna mais simples e rápida, pois podemos isolar o que é similar entre eles. Isso significa que não será necessário resolver o problema várias vezes, basta somente aplicar várias vezes a mesma solução.

Perguntas que podem auxiliar no reconhecimento de padrões:

Quais são as similaridades e diferenças deste problema quando comparado a problemas já resolvidos?

É possível utilizar essas similaridades para resolver outros problemas? Como?

IMPORTANTE

A detecção de padrões está vinculada à base de conhecimento; dessa base, extraímos características que serão comparadas e logo depois classificadas.

Voltemos ao caso do Luiz: ao longo do tempo, ele aprendeu que seu bairro é formado por quarteirões quadrados e, para sair de sua casa, passar no mercado e chegar à sua escola, precisaria caminhar entre esses quarteirões. Neste caso, podemos dizer que, ao decompor seu caminho, Luiz reconheceu possibilidades de contornar os quarteirões a fim de satisfazer suas necessidades. Sendo assim, definir o padrão de quarteirões do bairro o auxiliou em sua localização até chegar ao seu destino. E nós não fazemos isso diariamente?

Em um resumo rápido, reconhecer padrões nos auxilia a resolver problemas diferentes de forma mais rápida, pois podemos **reutilizar** os padrões encontrados para solucionar problemas diferentes ou maiores.

Vamos continuar a pensar no que já foi proposto; porém, agora tente identificar padrões para:

- o processo de trocar uma lâmpada;
- o processo de executar o cálculo da tabuada;
- o grupo de animais terrestres mamíferos.

Para finalizar, pense: qual a diferença entre padrões e características?

Abstração

O *Dicionário Online de Português* traz o seguinte significado para "abstrair": "Analisar observando um ou os muitos aspectos que estão contidos num todo: abstrair os detalhes do tecido". Podemos dizer também que, ao abstrair detalhes de um problema, nos preocupamos com o que é relevante e desconsideramos o que não é relevante. A partir da abstração, podemos criar modelos que permitem transpor o mundo real para o mundo das ideias. A exemplo disso, podemos imaginar o calendário como uma abstração do tempo.

A abstração é formular uma solução genérica para que possa ser reutilizada em vários processos.

Voltemos ao caso do Luiz: em nossa história, por exemplo, não é relevante para a resolução do processo o fato de Luiz ter se encontrado com Giovanna, então, podemos descartar essa informação, pois ela não influencia o processo. Outro exemplo são as ações de virar à esquerda ou à direita e seguir em frente: são abstrações que, encadeadas, permitiram que Luiz se locomovesse e chegasse ao seu destino, e que podem ser reutilizadas.

Continuemos com os desafios. Tente realizar abstrações para:

- o processo de trocar uma lâmpada;
- o processo de executar o cálculo da tabuada.

Algoritmo

Voltemos ao assunto central, "pensamento computacional". Como definido no início:

RELEMBRANDO

Em uma maneira simples, o termo "pensamento computacional" faz referência à estruturação do raciocínio, utilizando fundamentos da computação a fim de resolver problemas, com passos bem definidos e que podem ser executados por uma pessoa ou computador.

Uma boa definição para algoritmo é:

> Sequência ordenada de passos, muito bem definidos, que devem ser seguidos para a solução de um problema ou para a realização de uma tarefa, garantindo sua repetibilidade.

Pense: você já desenvolveu algoritmos?

Se pensou na resposta "Não, nunca desenvolvi nenhum algoritmo", tenho que discordar veementemente de você. Mas, calma, vamos colocar um pouco de luz nessa questão. Pense nas respostas para as seguintes perguntas e relacione-as com o conceito de algoritmos apresentado aqui.

1. Por que, ao tomar banho, você liga a água do chuveiro, se molha e só depois se ensaboa?

2. Por que, para tomar aquele cafezinho gostoso, primeiro você esquenta a água para depois coar o café?

3. Por que, para jogar seu jogo favorito, você precisa ligar o computador, celular ou console?

Todas a perguntas trazem etapas iniciais de seus processos de execução que, se não forem realizadas, podem inviabilizar a execução do processo como um todo.

Diariamente desenvolvemos e executamos, de maneira inconsciente, algoritmos – ou seja, a partir do momento que pensamos em como resolver um problema ou tomamos uma decisão, automaticamente começamos o processo de desenvolvimento de um algoritmo. A diferença é que, até o momento, talvez você não tenha reparado nisso.

A grande vantagem em desenvolver um algoritmo para a execução de uma tarefa ou processo é a garantia de que esse processo pode ser executado várias vezes (repetibilidade). Então, podemos transpor o desenvolvimento de algoritmo de nossa vida cotidiana para o ambiente computacional. Para isso, podemos utilizar, por exemplo, o pseudocódigo; porém, essa não é a única maneira de desenvolver um algoritmo.

Agora, tente definir um algoritmo para o caminho do Luiz e depois siga para os desafios finais.

Tente pensar em uma sequência de passos ordenados para:

- o processo de trocar uma lâmpada;
- o processo de executar o cálculo da tabuada.

SAIBA MAIS

No link a seguir, do site *ProfLab*, você pode encontrar conteúdos que ajudarão a entender o pensamento computacional descrito neste capítulo: .

TIPOS DE ALGORITMOS

A invenção do computador foi, sem dúvida, uma revolução, e sua utilização se tornou essencial para a vida na atualidade. O computador é um trabalhador que tem muita energia, não cansa, é eficiente e rápido; porém, não funciona sozinho. Para funcionar, ele necessita de instruções, e não conseguirá resolver seu problema sem que alguém informe o que precisa ser executado. Por isso, é essencial que saibamos solicitar o que desejamos ao computador. Você sabe como solicitar ações ao computador?

Para que o computador possa executar ações, é necessário que desenvolvamos um programa;[1] no entanto, antes disso, há uma série de etapas que devem ser observadas, entre elas o desenvolvimento de algoritmos.

Para que um problema seja solucionado por um algoritmo, é necessário que pensemos em **instruções** que deverão ser realizadas **passo a passo** e

---

[1] Programa: sequência de instruções detalhadas, descritas em uma linguagem de programação, que serão executadas em uma ordem específica.

que precisam ser entendidas tanto por humanos quanto pelo computador. Para isso, devemos levar em consideração o seguinte esquema:

Figura 1.2 – Estruturação do raciocínio

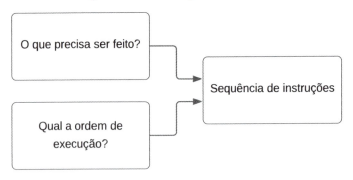

Figura 1.3 – Estruturação do raciocínio – detalhamento

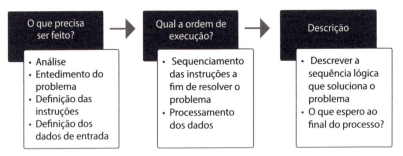

Precisamos levar em conta que os seres humanos interpretam e analisam instruções, mesmo que inconscientemente. Já os computadores não realizam a interpretação de instruções, realizam somente a sua execução; por esse motivo, é necessário que sejamos bastante criteriosos ao formulá-las.

Como podemos descrever um algoritmo?

- Descrição narrativa.
- Fluxograma.
- Pseudocódigo.

Descrição narrativa

Na descrição narrativa, utilizamos nossa linguagem natural para ordenar e descrever a sequência de passos.

Quadro 1.1 – Vantagens e desvantagens da descrição narrativa

VANTAGENS	DESVANTAGENS
Não é necessário aprender novos conceitos, pois a linguagem natural já é bem conhecida	Pode causar erros de interpretação devido ao sentido dúbio de uma sentença mal formulada
	Dificulta a transposição para a linguagem de programação

Podemos dizer que a história do Luiz, utilizada anteriormente, é uma descrição narrativa para a qual é utilizada a linguagem natural, ou seja, a língua portuguesa. Podemos observar que, em uma receita de um bolo, também existe uma descrição narrativa, por exemplo. Normalmente a receita de bolo se divide em duas partes: ingredientes e modo de preparo. Pense: qual dessas duas partes seria o algoritmo em descrição narrativa?

Quadro 1.2 – Sequenciamento do raciocínio: receita de bolo

Ingredientes:	Modo de preparo:	Resultado esperado:
O que é preciso para fazer o bolo	Como utilizar os ingredientes, descrito em formato passo a passo	Bolo pronto
Insumos de entrada:	**Processamento:**	**Saída:**
Sem eles não é possível executar as ações	Execução do passo a passo	Finalização do passo a passo

Os ingredientes trazem a descrição dos insumos que serão utilizados para o preparo do bolo, ou seja, não são uma sequência de passos ou ações. Já o modo de preparo traz uma sequência detalhada de ações, passo a passo, a serem executadas com a finalidade de preparar o bolo – essa seria a descrição narrativa.

Agora, tente realizar uma descrição narrativa de como fazer um sanduíche.

SUGESTÃO

Dica para uma boa descrição narrativa: use frases curtas, simples e com apenas um verbo.

Exemplo de descrição narrativa: conversor de temperatura.

Passo 1: **informar** qual a temperatura em graus Celsius que deseja converter;

Passo 2: **realizar** o cálculo da conversão, utilizando a seguinte regra:

1,8 × graus célsius + 32;

Passo 3: **mostrar** o resultado da conversão.

Acompanhe o desenvolvimento do algoritmo por meio do fluxograma e pseudocódigo, logo adiante.

Fluxograma

Para o fluxograma, utilizamos formas geométricas que informam que tipo de ação deve ser executada e setas que mostram o sentido do fluxo da informação.

A seguir, vemos as principais formas geométricas utilizadas e seus significados:

Quadro 1.3 – Principais formas para uso em fluxograma

FORMA	SIGNIFICADO
⬭	**Terminal**: utilizada para iniciar e finalizar uma sequência lógica. Deve ser usada com a palavra *início* ou *fim* escrita dentro da figura.
◇	**Decisão**: utilizada para tomar decisões e realizar perguntas em que a resposta seja *sim (verdadeiro)* ou *não (falso)*. Conta com uma entrada e permite duas saídas, uma para cada resposta.
→	**Seta**: utilizada para indicar o sentido em que a informação deve seguir (fluxo dos dados). É utilizada para conectar todos os símbolos utilizados no fluxograma.
▭	**Processamento**: utilizada para indicar uma ação a ser realizada, ou seja, um processamento. Ex.: calcular o preço final de um produto.
▱	**Entrada manual**: utilizada para indicar a entrada de informações via teclado. Usualmente, o usuário interage com o algoritmo, enviando informações por meio da digitação.
⬠	**Saída de dados**: utilizada para indicar a saída de informação via monitor. Ex.: mostrar/exibir/apresentar a média de um aluno.
⌓	**Saída de dados**: utilizada para indicar a saída de informação via impressora. Ex.: imprimir relatório de venda.
⬡	**Preparação**: utilizada para indicar o que deve ser feito, ajustado ou modificado no processo antes de prosseguir.
○	**Conector**: indica o ponto a partir do qual o algoritmo ou processamento irá continuar em outro lugar, repetindo também este mesmo símbolo. Deve conter um mesmo número ou uma mesma letra em seu interior.

Fonte: adaptado de https://lms.ev.org.br/mpls/Custom/Cds/COURSES/2856-FUND_LOG_PROGR/pag/1_2_23.html.

Figura 1.4 – Exemplos de fluxograma

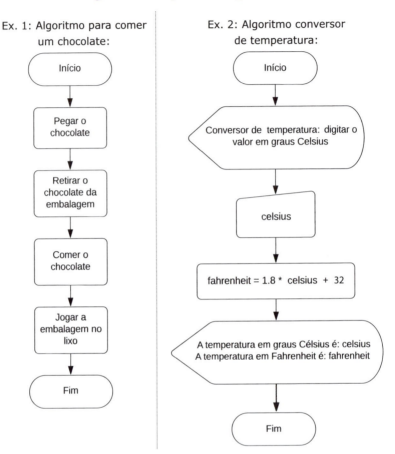

Pseudocódigo ou português estruturado (portugol)

O algoritmo desenvolvido em pseudocódigo é o que mais se assemelha ao código realizado em uma linguagem de programação comercial.

O pseudocódigo utiliza palavras da língua portuguesa que terão significado de instruções, as quais, quando sistematizadas em uma ordem muito específica, formam o algoritmo para a solução de um problema. Seu objetivo é simplificar o processo da programação.

A seguir, um exemplo desse tipo de pseudocódigo:

Figura 1.5 – Exemplo de pseudocódigo

```
Algoritmo "Conversão de temperatura"
// Disciplina   : [Linguagem e Lógica de Programação]
// Professor    : Glauco Santos
// Descrição    : Converte graus Celsius em Fahrenheit
// Data atual   : 12/02/2024
Var
// Seção de Declarações das variáveis
   celsius, fahrenheit : real

Inicio
// Seção de Comandos, procedimento, funções, operadores, etc...

    escreval("Conversor de Temperaturas: Celsius para Fahrenheit")
    escreva("Informe a temperatura em graus Celsius: ")
    leia(celsius)

    fahrenheit <- 1.8 * celsius + 32

    escreval(celsius, "° Celsius é igual à", fahrenheit, "° Fahrenheit")

Fimalgoritmo
```

- Entrada de dados
- Processamento de dados
- Saída de dados

Resultado do algoritmo:

Figura 1.6 – Pseudocódigo: resposta

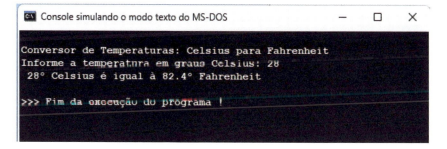

Uma das maneiras de elaborar pseudocódigo é utilizar o VisualG, uma ferramenta criada para estudo de desenvolvimento de algoritmos neste formato. Você pode facilmente encontrar mais informações no site da ferramenta: https://manual.visualg3.com.br/.

Outra ferramenta utilizada para esse tipo de estudo é o Portugol Webstudio, que pode ser acessado pelo site: https://dgadelha.github.io/Portugol-Webstudio/.

LÓGICA DE PROGRAMAÇÃO – ESTRUTURAS, FUNCIONALIDADE E APLICABILIDADE

Como um desenvolvedor da área da tecnologia da informação, você deverá:

- realizar o estudo de um problema;
- desenvolver soluções, utilizando a lógica de programação;
- interpretar, testar, localizar e resolver erros de lógica em fluxogramas, pseudocódigos ou até mesmo em linguagens de programação.

Como suporte para essas tarefas, daqui para frente, vamos nos empenhar no estudo da lógica de programação, suas estruturas, funcionalidade e aplicabilidade.

Variáveis e tipos de dado

A programação de computadores utiliza variáveis para manipular dados a fim de atingir o resultado ao qual foi programado. Mas o que é uma variável, afinal?

CONCEITO

Variável: espaço de memória alocado (reservado), utilizado para guardar informações. Tais espaços recebem nomes únicos e podem ser acessados a qualquer momento.

Quando estamos desenvolvendo um algoritmo, devemos identificar qual o tipo da informação que será armazenada na variável e atribuir a ela o tipo correlato do dado que irá preenchê-la. Para isso, precisamos saber o que é um dado literal (alfanumérico), numérico ou lógico.

Quadro 1.4 – Tipos primitivos

LITERAL (ALFANUMÉRICO):	NUMÉRICO: REAL OU INTEIRO	LÓGICO:
Sequência de informações contendo texto, números ou outros símbolos especiais. Deve ser indicada entre aspas (" ")	**REAL:** números positivos, negativos e fracionários. O separador decimal deverá ser o ponto ".". **INTEIRO:** números positivos, negativos **E NÃO** fracionários.	Tipos de dados utilizados por elementos condicionais para tomar decisões. São eles: V (verdadeiro) ou F (falso) ou até mesmo 0 e 1, respectivamente. Esses dados também são chamados de booleanos.

Constantes

Constantes são variáveis especiais que, ao longo da execução do programa, não sofrem alteração em seu conteúdo. Observe a seguir:

Figura 1.7 – Exemplo pseudocódigo – constante

```
area_circulo = PI * r²

PI = 3.141592653...
r²: embora o raio seja
uma variável que se
deseja mudança de
valor, a exponenciação
2 nunca irá mudar.

Esses são dois exemplos
do uso de constantes.
```

```
Existem linguagens que
oferecem funções:
estruturas especiais
que, ao receber ou não
parâmetros, executam
algum tipo de
algoritmo e retornam
um valor.
Este é o caso da
função PI, do
algoritmo ao lado
```

```
Algoritmo "Cálculo da área de um círculo"
// Disciplina    : [Linguagem e Lógica de Programação]
// Professor     : Glauco Santos
// Descrição     : calcula a área de um círculo
// Data atual    : 12/02/2024
Var
// Seção de Declarações das variáveis
    expoente: inteiro
    raio, area: real
Inicio
// Seção de Comandos, procedimento, funções, operadores, etc...
    expoente <- 2      // utilização de uma constante
    escreval("Cálculo da área de um círculo")
    escreva("Informe o raio do círculo: ")
    leia(raio)

    area <- pi * raio ^ expoente

    escreval("A área para o círculo com raio",raio, " é : ", area)

Fimalgoritmo
```

Atribuição

Atribuição é o ato de atribuir um valor a uma variável, ou seja, quando queremos guardar ou substituir um valor dentro de uma variável.

O VisualG utiliza os seguintes caracteres como símbolo de atribuição: <-

A maioria das linguagens de programação comerciais utilizam o sinal de igual "=" como símbolo para atribuição.

Figura 1.8 – Símbolo de atribuição para outras linguagens comerciais

```
VisualG:              Python.              JavaScript.
expoente <- 2         expoente = 2         expoente = 2;
```

Operadores aritméticos

Elementos que atuam sobre os operandos; neste caso, para execução de cálculos matemáticos. São eles:

Quadro 1.5 – Operadores aritméticos

OPERAÇÃO	SÍMBOLO
Soma	+
Subtração	-
Multiplicação	*
Divisão	/
Exponenciação	** ou ^

Operadores relacionais

Elementos que atuam sobre os operandos, representados por dados literais, numéricos ou booleanos, a fim de realizar comparações ou relacionamentos. As respostas para as comparações realizadas sempre serão booleanas (verdadeiro ou falso).

Quadro 1.6 – Operadores relacionais

OPERAÇÃO	SÍMBOLO
Maior que	>
Menor que	<
Maior ou igual a	>=
Menor ou igual a	<=
Igual a	= ou ==
Diferente de	<> ou !=

Operadores lógicos

Elementos que atuam sobre os resultados de expressões. Permitem comparar ou relacionar outras comparações.

Quadro 1.7 – Operadores lógicos

OPERAÇÃO	SÍMBOLO
Conjunto	E
Disjunção (não exclusiva)	OU
Negação	NÃO
Disjunção (exclusiva)	XOU (ou exclusivo)

Desvio condicional

Na programação, quando precisamos tomar uma decisão, o funcionamento é semelhante ao que realizamos, diariamente, em nossa vida cotidiana. As decisões estão apoiadas em uma condição ou pergunta, e normalmente respondemos SIM ou NÃO. Ex.: "Levo o guarda-chuva?".

Em lógica de programação, utilizamos o desvio condicional para realizar perguntas ou fazer comparações, e as respostas também devem ser SIM ou NÃO. O desvio condicional é classificado como simples ou composto.

Figura 1.9 – Desvio condicional simples

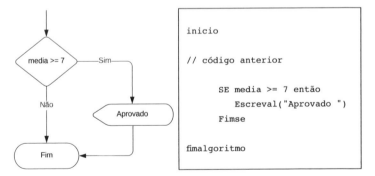

Figura 1.10 – Desvio condicional composto

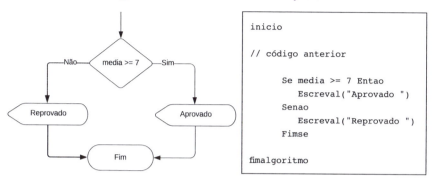

Laço de repetição

Em nossas vidas cotidianas, precisamos repetir ações, por exemplo, quando estamos organizando a casa e guardando objetos em uma caixa: enquanto ela não está cheia, nós repetimos a ação de guardar mais um objeto dentro dela.

Muitas vezes, na programação, também necessitamos repetir ações. Para isso, utilizamos os laços de repetição, que podem ser: ENQUANTO, REPITA e PARA.

Os laços de repetição são estruturas que repetem várias ações até que uma condição seja satisfeita, como mostrado nas figuras 1.11, 1.12 e 1.13.

Figura 1.11 – Laço de repetição ENQUANTO

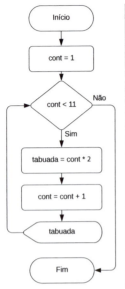

```
Algoritmo "Laço de Repetição ENQUANTO"
// Disciplina   : [Linguagem e Lógica de Programação]
// Professor    : Glauco Santos
// Descrição    : Exemplo do laço de repetição ENQUANTO
// Data atual   : 07/03/2024

var
    cont, tabuada: inteiro

Inicio
    // Seção de Comandos

    cont <- 1
    Enquanto cont < 11 Faca
        tabuada <- cont * 2
        cont <- cont + 1
        Escreval(tabuada)
    Fimenquanto
Fimalgoritmo
```

Figura 1.12 – Laço de repetição REPITA

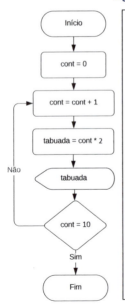

```
Algoritmo "Laço de Repetição REPITA"
// Disciplina   : [Linguagem e Lógica de Programação]
// Professor    : Glauco Santos
// Descrição    : Exemplo do laço de repetição REPITA
// Data atual   : 07/03/2024

var
    cont, tabuada: inteiro

Inicio
    // Seção de Comandos

    cont <- 0
    Repita
        cont <- cont + 1
        tabuada <- cont * 2
        Escreval(tabuada)
    Ate cont = 10
Fimalgoritmo
```

Figura 1.13 – Laço de repetição PARA

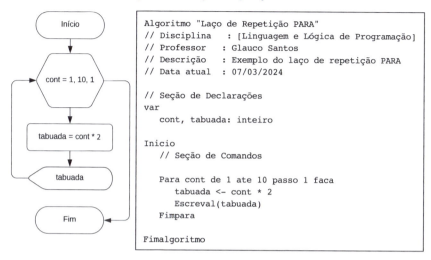

```
Algoritmo "Laço de Repetição PARA"
// Disciplina   : [Linguagem e Lógica de Programação]
// Professor    : Glauco Santos
// Descrição    : Exemplo do laço de repetição PARA
// Data atual   : 07/03/2024

// Seção de Declarações
var
   cont, tabuada: inteiro

Inicio
   // Seção de Comandos

   Para cont de 1 ate 10 passo 1 faca
      tabuada <- cont * 2
      Escreval(tabuada)
   Fimpara

Fimalgoritmo
```

ARREMATANDO AS IDEIAS

Pensamento computacional e raciocínio lógico são ativos importantes para a vida, estejam dentro ou não das atividades ligadas à informática. Neste capítulo, tentamos mostrar que tais ações estão presentes diariamente em nossas vidas, ou seja, pensar, tomar decisões e escolher caminhos faz parte do nosso cotidiano, agimos dessa forma instintivamente.

Estruturar o raciocínio é olhar com mais cuidado para o que já fazemos naturalmente, mas de forma consciente e intencional, a fim de solucionar algo. Para isso, apresentamos o conceito de pensamento computacional. Porém, podemos exercitar essas ações de várias outras formas. A seguir, você encontrará formas divertidas de experimentar essa nova maneira de pensar.

Plataforma projetada para desmistificar a programação, tem o objetivo de mostrar que qualquer pessoa pode aprender e expandir sua participação na área de ciência da computação. Disponível em: https://hourofcode.com/. Acesso em: 8 mar. 2024.

 Aprenda, de maneira prática, como funciona a programação, por meio de comandos simples e em português no site Compute It. Disponível em: https://compute-it.toxicode.fr/?hour-of-code. Acesso em: 8 mar. 2024.

 Quer navegar por uma introdução à linguagem que cresce sem parar? Acesse o site Compute It. Disponível em: https://compute-it.toxicode.fr/?hour-of-code&progression=python. Acesso em: 8 mar. 2024.

 Gosta da Disney e quer ajudar a princesa Moana em sua jornada? Conheça esse jogo que ensina fundamentos do pensamento computacional no site da Disney. Disponível em: https://partners.disney.com/hour-of-code/wayfinding-with-code?cds. Acesso em: 8 mar. 2024.

 Quero ver se você consegue fazer com que o robô acenda todas a luzes desse jogo usando o pensamento computacional. Disponível em: https://www.minijogos.com.br/jogo/light-bot. Acesso em: 8 mar. 2024.

CAPÍTULO 2

Banco de dados para web

Você já pensou no quanto utiliza banco de dados na web? E sobre o que é necessário para garantir o acesso a esses bancos, além do armazenamento desses dados com segurança? Esse é um componente fundamental dos sistemas on-line; quando estamos em um site, precisamos que o sistema tenha uma boa capacidade de armazenamento e garanta navegabilidade e acesso, mesmo com vários usuários ao mesmo tempo, para otimizar o nosso próprio tempo e para nossa comodidade. Pense em suas experiências na internet e em quantas vezes você já teve problemas com páginas que travam ou não gravam as suas informações; o que é necessário para evitar esse tipo de situação?

Bancos de dados estão presentes diariamente na vida da sociedade moderna e envolvem sempre alguma interação, por exemplo, quando utilizamos uma conta bancária por meio de um acesso on-line, ou quando fazemos uma reserva de hotel, voo ou automóvel. Ao utilizarmos esses recursos, acessaremos um catálogo de opções que provavelmente envolveram programadores capacitados para lidar com um banco de dados para web.

Assim, banco de dados para web é um componente essencial na construção e operação de sistemas on-line, desde simples páginas da web até complexas aplicações de comércio eletrônico e redes sociais. Esse tipo de banco de dados é projetado para armazenar e gerenciar informações de forma eficiente, permitindo que aplicativos web acessem e manipulem dados de maneira rápida e confiável.

Uma das características principais de um banco de dados para web é sua capacidade de lidar com um grande volume de acessos simultâneos. Em um ambiente on-line, muitos usuários podem estar acessando o sistema ao mesmo tempo, fazendo consultas, atualizações e inserções de informações. Portanto, o banco de dados precisa ser capaz de lidar com essa carga de trabalho sem comprometer o desempenho ou a disponibilidade do sistema.

Você já se perguntou por que algumas aplicações web falham ou apresentam problemas de desempenho quando há um aumento repentino no número de usuários? Ou por que algumas informações podem desaparecer de um site e reaparecer depois? Essas são apenas algumas dúvidas que podem ser esclarecidas quando compreendemos o papel do banco de dados para web.

Além disso, a segurança é importante quando falamos sobre esse assunto. Um banco de dados para web deve oferecer recursos robustos de segurança para proteger informações sensíveis contra acessos não autorizados, ataques de hackers e outros tipos de ameaças cibernéticas. Entre as medidas, temos criptografia de dados, controle de acesso baseado em funções e auditoria de atividades para detectar e responder a possíveis violações de segurança.

Outro aspecto importante é a escalabilidade. À medida que um aplicativo web cresce e atrai mais usuários, o banco de dados precisa ser capaz de lidar com o aumento da demanda sem comprometer o desempenho. Isso pode envolver a distribuição de dados em vários servidores, o uso de tecnologias de cache, para otimizar consultas, e a implementação de estratégias de particionamento de dados, para distribuir a carga de trabalho de forma equilibrada.

Um banco de dados para web desempenha um papel fundamental na infraestrutura de sistemas on-line, fornecendo armazenamento, recuperação e gerenciamento de dados de forma eficiente e segura. Sua escolha e configuração adequadas são essenciais para garantir o desempenho, a confiabilidade e a segurança de aplicativos web em um ambiente cada vez mais conectado e dinâmico.

BANCO DE DADOS: DIFERENÇAS E APLICABILIDADES

Existem diferenças entre os tipos de bancos de dados, desde os tradicionais bancos de dados relacionais até os mais recentes bancos de dados NoSQL (not only SQL) e de gráfico. Veremos características e aplicabilidades, bem como as situações em que cada um é mais adequado. Ao final, teremos o conhecimento necessário para tomar decisões assertivas sobre o tipo mais adequado para suas aplicações e projetos.

Banco de dados: conceito, tipos e volume de dados, evolução

Já vimos que os bancos de dados desempenham um papel importante no mundo da tecnologia da informação, sendo essencial para uma série de aplicações, desde simples sistemas de gerenciamento de estoque até grandes e complexas plataformas de mídia social e análise de dados em larga escala.

Em sua essência, um banco de dados é um conjunto organizado de dados que são estruturados e armazenados de forma a permitir o acesso, a recuperação e a manipulação eficientes dessas informações. Em vez de armazenar em arquivos separados, os bancos de dados consolidam essas informações em um único local, facilitando a consulta e a atualização dos dados de forma consistente.

Existem vários tipos de bancos de dados, cada um com suas próprias características e aplicações específicas. Os bancos de dados relacionais são os mais tradicionais e amplamente utilizados, baseados no modelo relacional, em que os dados são organizados em tabelas inter-relacionadas. No entanto, surgiram alternativas nos últimos anos, como os bancos de dados NoSQL, que oferecem maior flexibilidade na modelagem de dados e escalabilidade horizontal para lidar com grandes volumes de dados não estruturados.

Com a chegada da era digital e o aumento exponencial na quantidade de dados gerados a cada dia, o volume que os bancos de dados precisam gerenciar cresce de forma exponencial. De simples registros de clientes a enormes conjuntos de informações de sensores e dispositivos IoT, os bancos de dados precisam ser capazes de lidar com petabytes e até exabytes de dados de forma eficiente e escalável.

Os bancos de dados evoluíram significativamente ao longo do tempo, desde os primeiros sistemas de armazenamento de dados em fita até os modernos sistemas distribuídos e baseados em nuvem. Novas tecnologias e paradigmas, como armazenamento em memória, computação distribuída e aprendizado de máquina, estão moldando continuamente este cenário, oferecendo novas oportunidades e desafios para os profissionais de TI.

Um sistema gerenciador de banco de dados (SGBD – database management system) é uma coleção de programas que permite aos usuários criar e manter um banco de dados. O SGBD é um sistema de software de uso geral que facilita o processo de definição, construção, manipulação e compartilhamento de banco de dados entre diversos usuários e aplicações.

Definir um banco de dados envolve especificar os tipos, estruturas e restrições dos dados a serem armazenados. A definição ou informação descritiva do banco de dados também é armazenada pelo SGBD na forma de um catálogo ou dicionário, chamado de metadados (Elmasri; Navathe, 2012).

Figura 2.1 – Diagrama simplificado de um ambiente de sistema de banco de dados

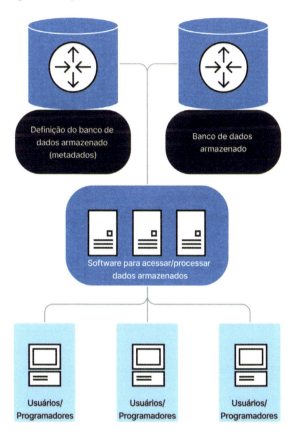

Entendemos, então, que os bancos de dados são elementos fundamentais da infraestrutura em tecnologia da informação, oferecendo uma base sólida para uma ampla quantidade de aplicações e processos empresariais. Compreender os diferentes tipos, o volume crescente de dados e a evolução contínua dos bancos de dados é essencial para aproveitar ao máximo essas poderosas ferramentas de armazenamento e recuperação de dados.

Modelo conceitual e lógico

Na concepção e desenvolvimento de sistemas de banco de dados, temos duas etapas fundamentais e essenciais: o modelo conceitual e o modelo lógico. Essas fases constituem a base estrutural e abstrata sobre a qual os dados serão organizados, manipulados e acessados ao longo do ciclo de vida do sistema. Vamos explorar esses conceitos-chave e entender como eles se complementam para criar uma base sólida para o design e a implementação de bancos de dados eficazes e eficientes.

Modelo conceitual de dados (MCD)

Define-se como modelo conceitual aquele em que os objetos, suas características e relacionamentos têm a representação fiel ao ambiente observado, independentemente de limitações quaisquer impostas por tecnologias, técnicas de implementação ou dispositivos físicos. Neste modelo, devemos representar os conceitos e características observados em um dado ambiente, voltando-nos simplesmente ao aspecto conceitual (Cougo, *Modelagem conceitual e projeto de banco de dados*, 1997).

Entendemos, então, que o modelo conceitual é a representação inicial e abstrata dos dados e suas inter-relações, desvinculada de qualquer consideração técnica ou implementação específica. Ele busca capturar a essência dos dados e seus relacionamentos de uma forma compreensível e independente de tecnologia. Nesta fase, são identificados os principais tipos de entidades (ou objetos) e os relacionamentos entre eles, sem se preocupar com detalhes de implementação.

Um exemplo de modelagem conceitual pode ser visto no contexto de um sistema de gerenciamento de biblioteca. Neste caso, podemos identificar entidades como "livro", "autor", "usuário", "empréstimo" e "editora". Essas entidades representam os principais conceitos do domínio do problema.

Além disso, identificamos relacionamentos entre essas entidades. Por exemplo, um "livro" pode ser escrito por um ou mais "autores", e um "autor" pode escrever um ou mais "livros". Também existe um relacionamento entre "usuário" e "empréstimo", em que um "usuário" pode realizar um ou mais "empréstimos".

Esses conceitos e relacionamentos são representados graficamente por meio de diagramas conceituais, como o diagrama de entidade-relacionamento (DER). Nesse diagrama, as entidades são representadas por retângulos, os atributos das entidades são representados por elipses e os relacionamentos são representados por linhas que conectam as entidades.

Figura 2.2 – Diagrama de entidade-relacionamento (DER) de autores escrevendo um livro

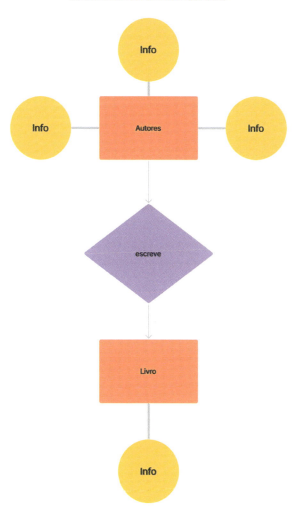

Por exemplo, um diagrama conceitual para o sistema de gerenciamento de biblioteca pode mostrar entidades como "livro", "autor", "usuário" e "empréstimo", com os relacionamentos entre elas claramente definidos.

Modelo lógico de dados (MLD)

Define-se como modelo lógico de dados (MLD) aquele em que os objetos, suas características e relacionamentos têm a representação de acordo com as regras de implementação e limitantes impostos por algum tipo de tecnologia. Essa representação, por sua vez, é independente dos dispositivos ou meios de armazenamento físico das estruturas de dados por ela definidas (Cougo, *Modelagem conceitual e projeto de banco de dados*, 1997).

A modelagem lógica é a etapa seguinte à modelagem conceitual e consiste em transformar os conceitos abstratos em uma estrutura mais detalhada, levando em consideração as características específicas do sistema de gerenciamento de banco de dados a ser utilizado. Na modelagem lógica, os conceitos são mapeados para estruturas de dados concretas, como tabelas, colunas e chaves, de acordo com as regras e restrições do banco de dados escolhido.

Um exemplo de modelagem lógica pode ser visto continuando o sistema de gerenciamento da biblioteca. Na modelagem lógica, cada entidade identificada na modelagem conceitual seria mapeada para uma tabela no banco de dados, e cada atributo seria mapeado para uma coluna na tabela correspondente. Por exemplo:

Figura 2.3 – Modelo Conceitual – DER

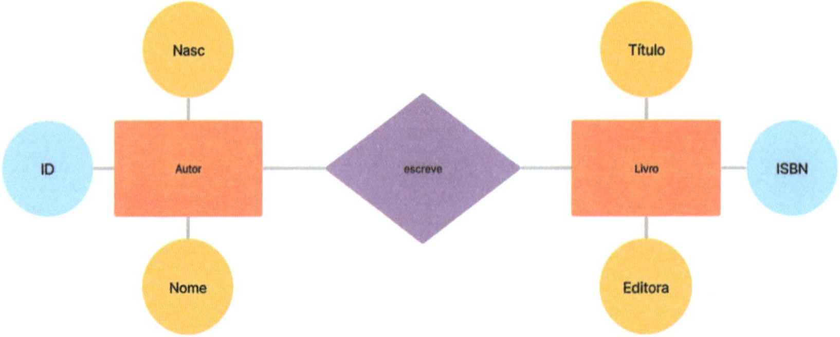

- Entidade "livro":
- Tabela no banco de dados: Livro.
- Atributos: ISBN (chave primária), título, ano de publicação, editora, etc.
- Entidade "autor":
- Tabela no banco de dados: Autor.

- Atributos: ID (chave primária), nome, nacionalidade, etc.
- Relacionamento "autor escreve livro":
- Tabela no banco de dados: AutorLivro.

Atributos: ID_Autor (chave estrangeira para a tabela Autor), ISBN_Livro (chave estrangeira para a tabela Livro), etc.

Figura 2.4 – Modelo lógico de dados

Neste exemplo, cada entidade da modelagem conceitual foi mapeada para uma tabela no banco de dados relacional, e os relacionamentos entre as entidades foram mapeados para chaves estrangeiras nas tabelas correspondentes. Isso cria uma representação mais concreta e detalhada do sistema de gerenciamento de biblioteca, adequada para implementação em um banco de dados relacional.

Entendemos assim que o modelo lógico é uma representação mais detalhada e estruturada dos dados, projetada para traduzir o modelo conceitual em termos técnicos e específicos de um sistema de banco de dados. Aqui, as entidades e relacionamentos definidos no modelo conceitual são mapeados para estruturas de dados concretas, como tabelas em um banco de dados relacional ou documentos em um banco de dados NoSQL. Esse modelo define os atributos de cada entidade, as chaves primárias e estrangeiras e outros detalhes necessários para a implementação física do banco de dados.

Ao combinar o modelo conceitual, que fornece uma visão abstrata e intuitiva dos dados, com o modelo lógico, que define a estrutura e organização concretas dos dados, os profissionais de banco de dados são capazes de criar sistemas robustos e adaptáveis que atendem às necessidades específicas de uma organização ou projeto. Neste sentido, o modelo conceitual e o lógico representam os primeiros passos cruciais na jornada de criação de um banco de dados eficiente e bem projetado.

Conceitos: relacional e não relacional

Os bancos de dados relacionais são utilizados na gestão de dados e construídos com base no modelo relacional, no qual os dados são organizados em tabelas que se relacionam entre si por meio de chaves primárias e estrangeiras. Esse modelo possui uma estrutura sólida e consistente para armazenar e recuperar dados, de forma a garantir integridade referencial e facilitar consultas complexas por meio da linguagem SQL (structured query language, ou linguagem de consulta estruturada).

No entanto, devido ao surgimento de novos tipos de dados e o aumento exponencial do volume de informações não estruturadas, os bancos de dados relacionais começaram a encontrar limitações em termos de flexibilidade e escalabilidade. Para esse armazenamento, surgem os bancos de dados NoSQL (not only SQL).

Os bancos de dados NoSQL oferecem uma abordagem alternativa para o armazenamento e gerenciamento de dados, que não se baseia necessariamente no modelo relacional. Eles são projetados para lidar com grandes volumes de dados não estruturados ou semi-estruturados, pois oferecem maior flexibilidade na modelagem de dados e escalabilidade horizontal para suportar cargas de trabalho distribuídas.

Em vez de tabelas, os bancos de dados NoSQL podem utilizar diferentes modelos de dados, como documentos, grafos, colunas largas ou pares chave-valor, dependendo das necessidades específicas da aplicação. Isso permite que eles se adaptem facilmente a diferentes tipos de dados e padrões de acesso, tornando-os ideais para cenários em que a estrutura dos dados pode mudar com frequência ou nos quais é necessário lidar com grandes volumes de dados variáveis, como em aplicativos web de alta escala, análise de big data e sistemas de Internet das Coisas (IoT).

Embora os bancos de dados relacionais continuem sendo uma escolha sólida para muitas aplicações empresariais tradicionais, os bancos de dados NoSQL surgem como uma alternativa poderosa e complementar, oferecendo maior flexibilidade, escalabilidade e desempenho para uma variedade de casos de uso modernos. A escolha entre eles depende das necessidades específicas do projeto, do tipo de dados a serem armazenados e das exigências de escalabilidade e desempenho da aplicação.

Veremos três exemplos para utilização dos tipos de banco de dados.

Aplicação de e-commerce tradicional

Banco de dados relacional: uma loja on-line tradicional, com catálogo de produtos, pedidos de clientes e informações de pagamento, pode se beneficiar de um banco de dados relacional devido à sua estrutura bem definida e à necessidade de transações seguras.

Banco de dados NoSQL: se a loja on-line crescer rapidamente e precisar lidar com um grande volume de tráfego e informações de produtos variados, um banco de dados NoSQL, como um banco de dados de documentos, pode oferecer escalabilidade horizontal e flexibilidade para lidar com esses requisitos.

Aplicação de redes sociais

Banco de dados relacional: para uma rede social que precisa gerenciar perfis de usuários, conexões entre usuários, postagens e comentários, um banco de dados relacional pode ser a escolha inicial devido à sua capacidade de representar relacionamentos complexos entre os dados.

Banco de dados NoSQL: conforme a rede social cresce e precisa lidar com um número crescente de usuários e interações, um banco de dados NoSQL, como um banco de dados de grafos, pode ser mais adequado para consultas complexas sobre redes de conexões e recomendações personalizadas.

Aplicação de análise de big data

Banco de dados relacional: para análises que envolvem relatórios predefinidos e consultas estruturadas sobre conjuntos de dados bem definidos, um banco de dados relacional pode oferecer a consistência e a confiabilidade necessárias.

Banco de dados NoSQL: por outro lado, se a aplicação precisa lidar com grandes volumes de dados não estruturados ou semi-estruturados, como logs de servidor, dados de sensores ou streams de mídia, um banco de dados NoSQL, como um banco de dados de coluna larga ou de chave-valor, pode oferecer melhor desempenho e escalabilidade para análises em tempo real e processamento de grandes volumes de dados.

Esses exemplos destacam como a escolha entre bancos de dados relacionais e NoSQL pode ser influenciada por uma série de fatores, incluindo a estrutura e a complexidade dos dados, as demandas de escalabilidade e desempenho da aplicação e as necessidades específicas do projeto. É essencial avaliar cuidadosamente esses aspectos antes de tomar uma decisão sobre o tipo de banco de dados a ser utilizado em um determinado cenário.

Relacionamentos

Os relacionamentos em banco de dados são a forma como as diferentes entidades ou tabelas de um banco de dados estão conectadas entre si. Esses relacionamentos são fundamentais para a integridade dos dados e para a representação precisa das relações entre os diferentes conjuntos de informações armazenadas.

Para demonstrar os relacionamentos, existem ferramentas pagas e gratuitas. Uma bastante conhecida é a ferramenta BR Modelo (disponível no link: https://app.brmodeloweb.com/), que é open source e possui versões para download ou on-line. É uma boa ferramenta para modelagem de banco de dados em modelos conceituais ou lógicos.

Figura 2.5 – Exemplo de relacionamento "um para um" com a utilização do BR Modelo on-line

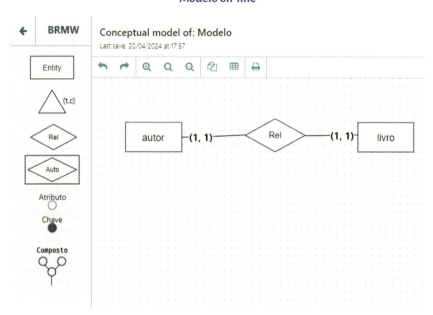

Os relacionamentos são essenciais para garantir a consistência e integridade dos dados em um banco de dados, permitindo que as informações sejam organizadas de maneira lógica e relacionada. Eles também facilitam consultas complexas que envolvam várias entidades e possibilitam uma representação precisa das relações no mundo real dentro do contexto do banco de dados. Ao projetar um banco de dados, é fundamental entender e definir esses relacionamentos de maneira adequada para garantir a eficácia e utilidade do sistema.

Atributos

Os atributos são os elementos fundamentais que compõem uma entidade em um banco de dados e representam suas características ou propriedades específicas, descrevendo os tipos de informações que podem ser armazenadas sobre ela. Em outras palavras, os atributos definem os diferentes aspectos ou detalhes que queremos registrar sobre um determinado objeto ou entidade no banco de dados.

Por exemplo, considere uma entidade "cliente" no sistema de gerenciamento de uma loja on-line. Alguns atributos que poderiam ser associados a essa entidade incluem:

- ID do Cliente: um número único usado para identificar cada cliente de forma exclusiva.

- Nome: o nome completo do cliente.

- Endereço: o endereço físico do cliente, incluindo rua, cidade, estado e CEP.

- E-mail: o endereço de e-mail do cliente para contato.

- Telefone: o número de telefone do cliente.

- Data de cadastro: a data em que o cliente se cadastrou no sistema.

- Ativação: indica se o cliente está ativo ou inativo.

Figura 2.6 – Exemplo de entidade com atributos

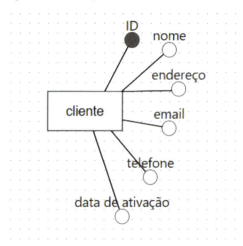

Cada um desses atributos descreve uma característica específica do cliente e pode conter informações relevantes sobre ele. Além disso, os atributos podem ter diferentes tipos de dados associados a eles, como texto, números, datas, booleanos, entre outros, dependendo da natureza da informação que estão destinados a armazenar.

É importante definir cuidadosamente os atributos para cada entidade em um banco de dados, garantindo que todas as informações relevantes sejam capturadas de forma precisa e completa. Uma análise detalhada dos requisitos do sistema e das necessidades dos usuários ajuda a determinar quais atributos são necessários e quais tipos de dados são mais apropriados para cada um. Isso resulta em um esquema de banco de dados bem estruturado e adaptado às necessidades específicas do domínio da aplicação.

Índices

Os índices são estruturas de dados auxiliares utilizadas nos bancos de dados para otimizar a recuperação de registros e melhorar o desempenho das consultas. Funcionam de maneira semelhante aos índices em um livro, permitindo que o sistema localize rapidamente os registros relevantes em uma tabela, com base em valores específicos de colunas.

Ao elaborar um índice em uma ou mais colunas de uma tabela, o banco de dados cria uma estrutura de dados adicional que mapeia os valores dessas colunas para os locais físicos dos registros na tabela principal. Isso permite que o sistema de banco de dados execute consultas de forma mais eficiente, pois pode usar o índice para localizar rapidamente os registros que correspondem aos critérios de pesquisa, em vez de examinar todas as linhas da tabela.

Existem vários tipos de índices, cada um com suas próprias características e usos específicos. Alguns dos tipos comuns incluem:

- Índices de árvore-B: são os tipos mais comuns de índices e são frequentemente usados em bancos de dados relacionais. Armazenam os valores das colunas indexadas em uma estrutura de árvore-B, o que permite pesquisas eficientes, bem como inserções e exclusões de registros.

- Índices de hash: são usados para pesquisas exatas em colunas indexadas. Eles armazenam um mapa de valores de hash das colunas indexadas, o que possibilita uma pesquisa muito rápida por um valor específico. No entanto, não são adequados para consultas que envolvem correspondências parciais ou intervalos.

- Índices de texto completo: são usados para pesquisas de texto completo em colunas de texto. Viabilizam consultas eficientes que envolvem correspondências parciais, consultas de texto livre e pesquisas de palavras-chave.

- Índices espaciais: são usados para consultas que envolvem dados espaciais, por exemplo coordenadas geográficas. Permitem consultas eficientes que envolvem geometrias espaciais, como pesquisa de pontos dentro de uma área específica ou cálculo de distâncias entre pontos.

Os índices são uma ferramenta importante para melhorar o desempenho de consultas em bancos de dados e são amplamente utilizados em uma variedade de cenários de aplicativos. No entanto, é importante usá-los com cuidado e estrategicamente, pois eles podem aumentar os custos de armazenamento e sobrecarregar o sistema se forem criados em excesso ou de maneira inadequada.

Cardinalidade

Em bancos de dados, a cardinalidade se refere à relação entre duas entidades, especificamente a quantos registros de uma entidade estão associados a um ou mais registros da outra entidade. Ela descreve o número de ocorrências que existem em cada lado do relacionamento entre as entidades.

Existem três tipos principais de cardinalidade: um para um (1:1), um para muitos (1:N) e muitos para muitos (N:M).

- Cardinalidade um para um (1:1): nesse tipo de relacionamento, uma linha em uma tabela está associada a no máximo uma linha em outra tabela e vice-versa. É como se houvesse uma correspondência única entre as duas entidades. Por exemplo: o autor com ID 1 (Stephen King) está associado ao livro com ISBN 9781982102319 (It), e o autor com ID 2 (Agatha Christie) está associado ao livro com ISBN 9788595086784 (Assassinato no Expresso do Oriente). Cada autor está associado a apenas um livro e cada livro é escrito por apenas um autor, demonstrando o relacionamento um para um.

- Cardinalidade um para muitos (1:N): nesse tipo de relacionamento, uma linha em uma tabela pode estar associada a várias linhas em outra tabela, mas cada linha na segunda tabela está associada a no máximo uma linha na primeira tabela. Por exemplo, Stephen King (ID_Autor = 1) escreveu dois livros: "It" e "Misery", enquanto Agatha Christie (ID_Autor = 2) escreveu "Assassinato no Expresso do Oriente". Cada livro está associado a apenas um autor, demonstrando o relacionamento um para muitos entre autor e livro.

- Cardinalidade muitos para muitos (N:M): aqui, várias linhas em uma tabela podem estar associadas a várias linhas em outra tabela. Isso é geralmente alcançado por meio de uma terceira tabela, conhecida como tabela de junção ou tabela de associação, que mapeia os relacionamentos entre as duas tabelas principais. Por exemplo, Stephen King é o autor de "It" e Agatha Christie é a autora tanto de "Assassinato no Expresso do Oriente" quanto de "It" (hipoteticamente). Isso ilustra o relacionamento muitos para muitos entre autores e livros, em que múltiplos autores podem contribuir para um livro e um autor pode escrever vários livros. Neste cenário, um autor pode escrever vários livros e um livro pode ter sido escrito por vários autores.

Entender a cardinalidade é crucial ao projetar um banco de dados, pois influencia a forma como as tabelas são estruturadas e os relacionamentos entre elas são definidos. Uma compreensão clara da cardinalidade ajuda a garantir que os dados sejam modelados de forma precisa e eficiente, refletindo as relações reais entre as entidades no domínio da aplicação. Isso resulta em um esquema de banco de dados bem projetado que suporta consultas eficientes e operações de manipulação de dados sem ambiguidade.

Vamos considerar um exemplo de cardinalidade em um contexto de banco de dados de uma universidade, no qual temos duas entidades principais: estudante e curso.

- Cardinalidade um para um (1:1): imagine que cada estudante tem exatamente um número de identificação único, e esse número de identificação é usado apenas por um estudante. Da mesma forma, cada número de identificação único está associado a apenas um estudante.

Neste caso, temos uma cardinalidade um para um entre as entidades "estudante" e "número de identificação único".

- Cardinalidade um para muitos (1:N): suponha que cada curso seja oferecido por apenas um departamento, mas cada departamento pode oferecer vários cursos. Neste caso, temos uma cardinalidade um para muitos entre as entidades "departamento" e "curso". Cada curso está associado a apenas um departamento (um para um), mas um departamento pode estar associado a vários cursos (um para muitos).

- Cardinalidade muitos para muitos (N:M): considere que um estudante pode se inscrever em vários cursos e um curso pode ter vários estudantes matriculados. Neste cenário, temos uma cardinalidade muitos para muitos entre as entidades "estudante" e "curso". Cada estudante pode estar matriculado em vários cursos (um para muitos), e cada curso pode ter vários estudantes matriculados (um para muitos).

Esses exemplos ilustram como a cardinalidade descreve a relação entre diferentes entidades em um banco de dados, destacando o número de ocorrências de uma entidade que estão associadas a uma ou mais ocorrências de outra entidade.

O relacionamento descreve a conexão entre as entidades, enquanto a cardinalidade descreve quantas entidades estão envolvidas em cada extremidade desse relacionamento.

Entender os relacionamentos e cardinalidades é fundamental para projetar um esquema de banco de dados preciso e eficiente, que reflita com precisão as relações entre as entidades.

Chave candidata

Uma chave candidata em um banco de dados é um conjunto mínimo de atributos que pode ser usado para identificar exclusivamente cada registro em uma tabela. Essa chave é candidata a ser escolhida como chave primária para a tabela, pois satisfaz os requisitos de unicidade e irredundância.

Vamos considerar um exemplo para esclarecer o conceito de chave candidata:

Suponha que temos uma tabela chamada "Cliente" em um banco de dados de uma loja on-line. Esta tabela contém informações sobre os clientes, como nome, endereço e número de telefone. Cada cliente é identificado por um número de identificação exclusivo.

Agora, vamos examinar os atributos disponíveis na tabela "Cliente":

- Nome
- Endereço
- Número de telefone
- Número de identificação (ID) do cliente (chave primária)

Neste caso, a chave primária escolhida é o "número de identificação (ID) do cliente", pois ele é único para cada cliente e satisfaz os requisitos de unicidade e irredundância.

No entanto, outros atributos também podem ser candidatos a chaves primárias. Por exemplo, se o número de identificação do cliente não estivesse disponível, poderíamos considerar uma combinação de nome e endereço como uma chave candidata. Desde que essa combinação seja única para cada cliente, ela pode ser usada para identificar exclusivamente os registros na tabela "Cliente".

Portanto, uma chave candidata é essencialmente um conjunto mínimo de atributos que poderia ser escolhido como chave primária para uma tabela, pois tem a capacidade de identificar exclusivamente cada registro na tabela. Então, a escolha da chave primária geralmente depende de considerações como unicidade, estabilidade e eficiência.

Chave primária e estrangeira

A chave primária e a chave estrangeira são conceitos fundamentais em bancos de dados relacionais, e cada uma desempenha um papel importante na organização e integridade dos dados.

A chave primária, como já explicamos, é um atributo ou conjunto de atributos que identifica exclusivamente cada registro na tabela. Ela garante que não haja duplicação de dados e permite uma rápida localização e recuperação de registros. A chave primária é única para cada registro na tabela e geralmente é selecionada com base em um atributo que é intrinsecamente único, como um número de identificação exclusivo.

A chave estrangeira é um atributo ou conjunto de atributos em uma tabela que estabelece uma relação com a chave primária de outra tabela. Ela cria uma conexão entre duas tabelas e é usada para garantir a integridade referencial entre elas. Por exemplo, em uma tabela de "Pedidos", o atributo que armazena o ID do cliente pode ser uma chave estrangeira que faz referência à chave primária na tabela de "Clientes", estabelecendo assim uma relação entre os pedidos e os clientes.

Em resumo, enquanto a chave primária identifica exclusivamente cada registro em uma tabela, garantindo a integridade dos dados dentro dela, a chave estrangeira estabelece e mantém relações entre tabelas, garantindo a integridade referencial entre elas. Juntas, essas duas chaves desempenham um papel crucial na modelagem e organização de dados em um banco de dados relacional.

Figura 2.7 – Exemplo de chave primária (ID) e chave estrangeira (CPF).

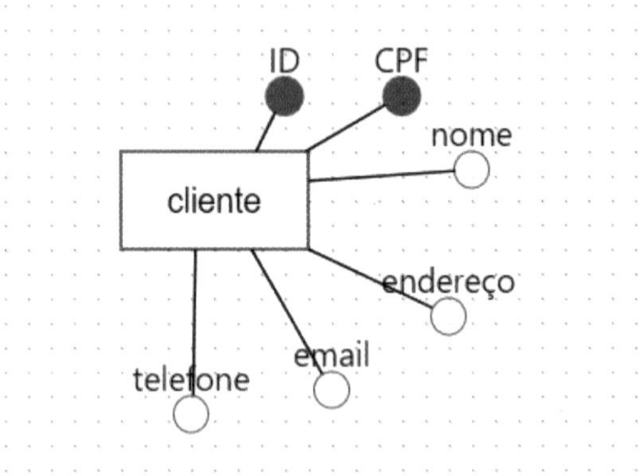

Integridade referencial

A integridade referencial é um conceito fundamental em bancos de dados relacionais e se refere à consistência e à precisão das relações entre tabelas.

Ela garante que as relações entre registros em diferentes tabelas permaneçam válidas e não sejam violadas, mantendo a integridade e confiabilidade dos dados armazenados.

Para entender a integridade referencial, é importante compreender bem os conceitos de chave primária e chave estrangeira, que acabamos de explicar, e entender as restrições de integridade referencial.

As restrições de integridade referencial são regras definidas no banco de dados para garantir que as relações entre tabelas sejam consistentes e válidas.

A principal restrição de integridade referencial é a regra que exige que cada valor na coluna de chave estrangeira de uma tabela exista na coluna de chave primária correspondente da tabela relacionada. Isso garante que não haja valores órfãos ou referências a registros que não existem.

Por exemplo, considere um banco de dados com duas tabelas: "Clientes" e "Pedidos". A tabela "Pedidos" tem uma chave estrangeira que faz referência à chave primária da tabela "Clientes", representando o cliente associado a cada pedido. Para garantir a integridade referencial, o banco de dados deve garantir que todos os valores na coluna de chave estrangeira da tabela "Pedidos" correspondam a valores existentes na coluna de chave primária da tabela "Clientes". Isso impede que um pedido seja associado a um cliente inexistente, mantendo a consistência dos dados.

Em resumo, a integridade referencial é essencial para manter a precisão e a confiabilidade dos dados em um banco de dados relacional, garantindo que as relações entre tabelas sejam mantidas de forma consistente e válida ao longo do tempo.

Tabelas

Em bancos de dados relacionais, as tabelas são estruturas fundamentais que organizam e armazenam os dados de forma tabular, ou seja, em linhas e colunas. Importante saber que cada tabela é composta por uma série de registros (também conhecidos como tuplas ou linhas) e cada registro é subdividido em campos individuais (também conhecidos como atributos ou colunas).

Vamos explorar a seguir os elementos básicos de uma tabela em um banco de dados.

Nome da tabela: cada tabela é identificada por um nome único que a distingue de outras tabelas no banco de dados. O nome da tabela geralmente reflete o tipo de dados que ela armazena e é escolhido de forma a ser descritivo e significativo para os usuários do banco de dados.

Campos ou atributos: os campos ou atributos representam as diferentes características ou propriedades dos dados que são armazenados em uma tabela. Cada campo corresponde a uma coluna na tabela e possui um nome que descreve o tipo de informação que ele contém, como nome, idade, endereço, etc.

Registros ou tuplas: os registros, também conhecidos como tuplas ou linhas, são as entradas individuais de dados em uma tabela. Cada registro contém uma coleção de valores, um para cada campo da tabela, representando uma instância específica do tipo de dados armazenados na tabela.

Chave primária: a chave primária é um campo ou conjunto de campos em uma tabela que identifica exclusivamente cada registro na tabela. Ela garante a unicidade dos registros e é fundamental para a integridade dos dados. Geralmente, a chave primária é escolhida com base em um atributo que é intrinsecamente único, como um número de identificação exclusivo.

Chaves estrangeiras: as chaves estrangeiras são campos ou conjuntos de campos em uma tabela que estabelecem relações com a chave primária de outras tabelas. Elas são usadas para criar e manter relacionamentos entre tabelas e garantir a integridade referencial dos dados.

As tabelas são os blocos de construção básicos de um banco de dados relacional e são usadas para organizar e armazenar os dados de forma estruturada e acessível. Cada tabela representa uma entidade específica do mundo real, como clientes, produtos e pedidos, e contém as informações detalhadas sobre essas entidades. Um bom design de tabela é essencial para garantir a eficiência, integridade e desempenho de um banco de dados relacional.

Campos e normalização

Campos e normalização são conceitos fundamentais no design de bancos de dados relacionais, e cada um desempenha um papel crucial na organização e eficiência do armazenamento de dados.

Campos

Os campos, também conhecidos como atributos ou colunas, representam as características individuais dos dados armazenados em uma tabela. Cada campo em uma tabela é usado para armazenar um tipo específico de informação e é identificado por um nome único que descreve o tipo de dados que ele contém.

Por exemplo, em uma tabela de "Clientes", podemos ter os seguintes campos:

- Nome
- Endereço
- Número de telefone
- E-mail
- Data de nascimento

Cada campo contém informações específicas sobre os clientes, como seu nome, endereço, etc. Esses campos são essenciais para definir a estrutura e os tipos de dados que podem ser armazenados em uma tabela.

Normalização

A normalização é um processo de design de banco de dados que visa eliminar redundâncias desnecessárias e organizar os dados de forma eficiente, garantindo a sua integridade. Ela consiste em uma série de regras ou formas normais que são aplicadas a um esquema de banco de dados para eliminar anomalias e melhorar o desempenho das consultas.

Existem várias formas normais; a mais comum é a forma normal de Boyce-Codd (FNBC), que define critérios para garantir que cada tabela em um banco de dados relacional esteja livre de dependências funcionais transitivas e outras anomalias.

Por exemplo, suponha que tenhamos uma tabela de "Pedidos" que contenha informações sobre produtos e clientes. Se armazenarmos o endereço do cliente em cada registro de pedido, isso pode levar a redundâncias e problemas de consistência caso o cliente mude de endereço. A normalização pode resolver esse problema, criando uma tabela separada para armazenar informações de clientes e estabelecendo uma relação entre a tabela de pedidos e a tabela de clientes por meio de uma chave estrangeira.

Em resumo, campos e normalização são conceitos complementares que desempenham papéis importantes no design e na organização de bancos de dados relacionais. Os campos definem as características individuais dos dados armazenados em uma tabela, enquanto a normalização garante a eficiência, integridade e consistência dos dados por meio da eliminação de redundâncias e da aplicação de formas normais.

SQL – STRUCTURED QUERY LANGUAGE

A SQL (structured query language) é uma linguagem de programação especializada e utilizada para gerenciar e manipular bancos de dados relacionais. Ela fornece um conjunto de comandos padronizados e estruturados que permitem realizar uma variedade de operações em bancos de dados, como consulta, inserção, atualização e exclusão de dados.

Essa linguagem é amplamente utilizada em sistemas de gerenciamento de banco de dados (SGBDs) como MySQL, PostgreSQL, SQL Server, Oracle, SQLite, entre outros. Assim, a SQL é projetada para ser simples e intuitiva, permitindo que desenvolvedores e administradores de banco de dados realizem tarefas complexas de maneira eficiente e eficaz.

Além disso, ela é uma linguagem poderosa e versátil que desempenha um papel central no gerenciamento e manipulação de dados em sistemas de banco de dados relacionais. Com sua sintaxe simples e abrangente, é amplamente adotada e dominada por desenvolvedores e administradores de banco de dados em todo o mundo.

Figura 2.8 – Exemplo de comando SQL para criação da tabela "Usuário"

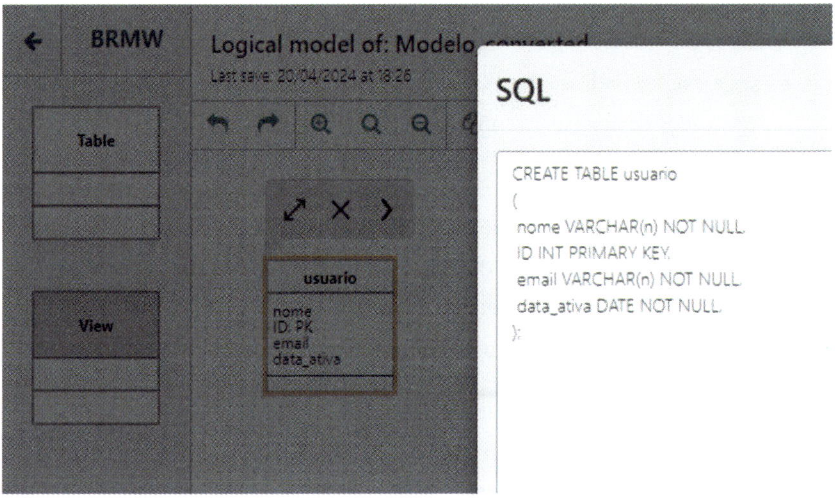

Apresentação e a importância da linguagem

A SQL desempenha um papel fundamental no mundo da Tecnologia da Informação. Sua apresentação e importância são profundamente relevantes para qualquer profissional de TI, desde desenvolvedores de software até administradores de banco de dados. Aqui estão alguns pontos-chave sobre a apresentação e a importância da linguagem SQL.

Uma das vantagens mais marcantes da SQL é sua sintaxe relativamente simples e intuitiva, o que a torna fácil de aprender e usar. Os comandos SQL são estruturados de forma a permitir que os desenvolvedores e administradores de banco de dados realizem tarefas complexas com eficiência.

A SQL é uma linguagem padronizada pela ANSI (American National Standards Institute) e pela ISO (International Organization for Standardization), o que significa que sua sintaxe e funcionalidade são consistentes em diferentes sistemas de gerenciamento de banco de dados (SGBDs). Como resultado, a SQL é amplamente adotada e utilizada em uma variedade de plataformas e sistemas, tornando-se uma habilidade essencial para profissionais de TI em todo o mundo.

A importância da SQL reside no fato de ela ser a principal ferramenta para gerenciar dados em bancos de dados relacionais. Com SQL, os desenvolvedores podem criar e definir a estrutura de bancos de dados, inserir, atualizar e excluir dados, consultar informações específicas e realizar operações avançadas de análise e manipulação de dados.

Para desenvolvedores de software, a SQL é uma habilidade indispensável para a criação de aplicativos que dependem de armazenamento e recuperação eficientes de dados. As consultas SQL são usadas para recuperar informações relevantes de bancos de dados e apresentá-las aos usuários de maneira significativa e compreensível.

Para administradores de banco de dados, a SQL é uma ferramenta poderosa para a manutenção e otimização, incluindo a criação de índices para melhorar o desempenho das consultas, a definição de restrições de integridade para garantir a consistência dos dados e a configuração de permissões de acesso para controlar a segurança deles.

Para resumir, a linguagem SQL é uma habilidade indispensável para profissionais de TI que trabalham com bancos de dados relacionais. Sua capacidade de gerenciar e manipular dados de forma eficiente e consistente é essencial para o desenvolvimento de aplicativos robustos e a manutenção de sistemas de banco de dados confiáveis e seguros.

Conceitos dos subconjuntos SQL

A SQL é composta por um conjunto de subconjuntos que abordam diferentes aspectos do gerenciamento e manipulação de dados em bancos de dados relacionais. Cada subconjunto oferece um conjunto específico de funcionalidades e comandos para realizar tarefas diferentes. Vamos explorar os principais conceitos dos subconjuntos SQL.

DDL (data definition language, ou linguagem de definição de dados) é usada para definir e modificar a estrutura dos objetos de banco de dados, como tabelas, índices, visões e restrições. Os comandos DDL mais comuns incluem CREATE (para criar objetos), ALTER (para modificar objetos existentes) e DROP (para excluir objetos).

A DML (data manipulation language, ou linguagem de manipulação de dados) é utilizada para manipular os dados dentro das tabelas, permitindo a inserção, atualização e exclusão de registros. Os principais comandos DML são INSERT (para inserir novos registros), UPDATE (para atualizar registros existentes) e DELETE (para excluir registros).

A DQL (data query language, ou linguagem de consulta de dados) é usada para consultar os dados armazenados nas tabelas e recuperar informações específicas com base em determinados critérios. O comando SELECT é o principal comando DQL e possibilita a execução de consultas complexas para recuperar dados de uma ou mais tabelas.

A DCL (data control language, ou linguagem de controle de dados) tem como objetivo controlar o acesso aos dados no banco de dados, concedendo ou revogando permissões de acesso aos usuários. Os principais comandos DCL são GRANT (para conceder permissões) e REVOKE (para revogar permissões).

E a DTL (data transaction language) ou TCL (transaction control language, traduzida como linguagem de controle de transações) é utilizada para gerenciar transações no banco de dados, permitindo o início, o término e a reversão de transações. Os principais comandos TCL são COMMIT (para confirmar as alterações em uma transação), ROLLBACK (para reverter as alterações em uma transação) e SAVEPOINT (para definir pontos de salvamento em uma transação).

Esses subconjuntos SQL fornecem uma variedade de funcionalidades para gerenciar e manipular dados em um banco de dados relacional. Cada subconjunto desempenha um papel específico no processo de desenvolvimento, manutenção e administração de bancos de dados, permitindo ao usuário realizar uma ampla gama de tarefas com eficiência e precisão.

DDL – Data definition language (linguagem de definição de dados)

DDL é uma parte fundamental da linguagem SQL que é utilizada para definir e modificar a estrutura dos objetos de banco de dados. Esses objetos incluem tabelas, índices, visões, procedimentos armazenados, funções e outros elementos essenciais para a organização e gerenciamento dos dados.

Por meio dos comandos DDL, os desenvolvedores e administradores de banco de dados podem criar objetos, modificar a estrutura de objetos existentes e excluir objetos que já não são mais necessários. Vamos explorar os principais comandos DDL:

- O comando CREATE é utilizado para criar objetos de banco de dados, como tabelas, índices, visões, procedimentos armazenados, entre outros. Por exemplo, CREATE TABLE é usado para criar uma tabela na base de dados.

- O comando ALTER permite modificar a estrutura de objetos existentes no banco de dados. Com ele, é possível adicionar, modificar ou excluir colunas de uma tabela, alterar o tipo de dados de uma coluna, renomear objetos, entre outras operações.

- O comando DROP é utilizado para excluir objetos de banco de dados que já não são mais necessários. Por exemplo, DROP TABLE é usado para excluir uma tabela da base de dados.

- O comando TRUNCATE é utilizado para remover todos os registros de uma tabela, mantendo a estrutura da tabela intacta. Ele é mais rápido que o comando DELETE, pois não gera registros de log de transações para cada linha excluída.

- O comando COMMENT é utilizado para adicionar comentários ou notas descritivas a objetos de banco de dados, como tabelas, colunas, índices, entre outros. Esses comentários podem ser úteis para documentar a estrutura e o propósito dos objetos no banco de dados.

Esses são alguns dos principais comandos DDL utilizados na linguagem SQL. Eles desempenham um papel essencial no processo de definição e manutenção da estrutura dos objetos de banco de dados, garantindo que os dados sejam organizados e gerenciados de forma eficiente e precisa.

DML – Data manipulation language (linguagem de manipulação de dados)

A DML é uma parte crucial da linguagem SQL que permite aos usuários manipular os dados dentro das tabelas de um banco de dados. Essa parte da linguagem SQL é responsável por operações como inserção, atualização, exclusão e recuperação de dados. Vamos explorar os principais comandos da DML:

- O comando INSERT é usado para adicionar novos registros a uma tabela e permite especificar os valores que devem ser inseridos em cada coluna da tabela. Por exemplo:

```
INSERT INTO tabela (coluna1, coluna2, coluna3) VALUES
(valor1, valor2, valor3);
```

- O comando UPDATE é utilizado para modificar os dados existentes em uma ou mais linhas de uma tabela. Ele permite atualizar os valores das colunas com novos valores. Por exemplo:

```
UPDATE tabela SET coluna1 = novo_valor WHERE condicao;
```

- O comando DELETE é usado para excluir registros de uma tabela com base em uma condição específica; ele remove os registros que correspondem à condição fornecida. Por exemplo:

```
DELETE FROM tabela WHERE condicao;
```

- Embora seja comumente associado à DQL (data query language), o comando SELECT também é considerado parte da DML, pois permite recuperar dados de uma ou mais tabelas. Ele é usado para consultar informações específicas do banco de dados com base em diferentes critérios. Por exemplo:

```
SELECT coluna1, coluna2 FROM tabela WHERE condicao;
```

Esses comandos da DML são primordiais para interagir com os dados dentro das tabelas de um banco de dados. Eles permitem que os usuários insiram, atualizem, excluam e recuperem dados, oferecendo a capacidade de manipular e gerenciar eficientemente as informações armazenadas.

DQL – Data query language (linguagem de consulta de dados)

A DQL é uma parte essencial da linguagem SQL que permite aos usuários consultar e recuperar dados de uma ou mais tabelas em um banco de dados. A DQL é responsável por executar operações de consulta que extraem informações específicas com base em critérios definidos pelos usuários. Vamos explorar os principais comandos da DQL:

- O comando SELECT é o principal comando da DQL e é usado para recuperar dados de uma ou mais tabelas. Ele permite especificar as colunas que devem ser retornadas na consulta, bem como as condições que devem ser atendidas pelos registros recuperados. Por exemplo:

```
SELECT coluna1, coluna2 FROM tabela WHERE condicao;
```

- O operador DISTINCT é usado junto com o comando SELECT para remover registros duplicados do conjunto de resultados da consulta. Ele retorna apenas valores únicos das colunas especificadas na consulta. Por exemplo:

```
SELECT DISTINCT coluna FROM tabela;
```

- O comando ORDER BY é usado para classificar os resultados da consulta com base em uma ou mais colunas. Ele permite especificar a ordem de classificação (ascendente ou descendente) para cada coluna. Por exemplo:

```
SELECT coluna1, coluna2 FROM tabela ORDER BY coluna1 ASC, coluna2 DESC;
```

- O comando GROUP BY é usado para agrupar os resultados da consulta com base nos valores de uma ou mais colunas. Ele é frequentemente usado em conjunto com funções de agregação, como COUNT, SUM, AVG, etc., para realizar cálculos em grupos de dados. Por exemplo:

```
SELECT coluna1, COUNT(coluna2) FROM tabela GROUP BY coluna1;
```

- O comando HAVING é usado em conjunto com o comando GROUP BY para filtrar grupos de dados com base em condições específicas. Ele é aplicado após o agrupamento dos dados e antes da ordenação dos resultados. Por exemplo:

```
SELECT coluna1, COUNT(coluna2) FROM tabela GROUP BY
coluna1 HAVING COUNT(coluna2) > 5;
```

Esses comandos da DQL fornecem uma variedade de funcionalidades para consultar e recuperar dados de bancos de dados relacionais. Eles permitem que os usuários realizem consultas complexas para extrair informações específicas e úteis das tabelas do banco de dados.

DCL – Data control language (linguagem de controle de dados)

A DCL é uma parte importante da linguagem SQL e é utilizada para controlar o acesso aos dados em um banco de dados. Essa parte da linguagem SQL é responsável por conceder ou revogar permissões de acesso aos usuários e garantir a segurança e integridade dos dados. Vamos explorar os principais comandos da DCL:

- O comando GRANT é usado para conceder permissões específicas aos usuários ou grupos de usuários para realizar operações em objetos de banco de dados, como tabelas, visões, procedimentos armazenados, entre outros. As permissões que podem ser concedidas incluem SELECT, INSERT, UPDATE, DELETE, entre outras. Por exemplo:

```
GRANT SELECT ON tabela TO usuario;
```

- O comando REVOKE é utilizado para revogar permissões anteriormente concedidas a usuários ou grupos de usuários. Ele remove as permissões específicas de acesso aos objetos de banco de dados que foram previamente concedidas pelo comando GRANT. Por exemplo:

```
REVOKE INSERT ON tabela FROM usuario;
```

Esses comandos da DCL desempenham um papel essencial na segurança e integridade dos dados em um banco de dados. Eles permitem que os administradores de banco de dados controlem quem pode acessar e modificar os dados, garantindo que apenas usuários autorizados tenham acesso a operações específicas nos objetos do banco de dados. Isso é fundamental para proteger os dados confidenciais e garantir que o banco de dados permaneça seguro e protegido contra acessos não autorizados.

DTL ou TCL – Transaction control language (linguagem de transação de dados)

A DTL é utilizada para o gerenciamento e controle de transações.

- BEGIN TRANSACTION/SET TRANSACTION – tanto o comando BEGIN TRANSACTION quanto o SET TRANSACTION indicam o início de uma transação. Devem ser usados imediatamente no começo do código, registrando que tudo que vem abaixo faz parte da mesma transação. A diferença entre BEGIN TRANSACTION e SET TRANSACTION está na atribuição de especificações a respeito daquela transação – por exemplo, se será apenas para leitura.

A TCL é responsável por controlar as transações no banco de dados, possibilitando que os usuários gerenciem o início, o término e o rollback de transações. Os principais comandos da TCL são COMMIT, ROLLBACK e SAVEPOINT.

- O comando COMMIT é utilizado para confirmar todas as mudanças realizadas durante uma transação. Ele efetiva todas as alterações feitas no banco de dados desde o início da transação, tornando-as permanentes. Se a instrução BEGIN/SET TRANSACTION iniciar uma transação, a COMMIT irá finalizar. O comando indica o fim de cada transação, salvando o que foi feito na transação atual. O COMMIT aparece no final daquela transação em específico, fechando o que foi aberto pelo BEGIN/SET TRANSACTION.

```
COMMIT;
```

- O comando ROLLBACK é utilizado para reverter todas as mudanças realizadas durante uma transação que ainda não foram confirmadas.

Ele desfaz todas as alterações feitas no banco de dados desde o início da transação, restaurando o estado anterior.

```
ROLLBACK;
```

- O comando SAVEPOINT é utilizado para definir pontos de salvamento dentro de uma transação. Ele permite criar pontos de retorno para os quais você pode voltar, se necessário, durante o processo.

```
SAVEPOINT nome_do_savepoint;
```

Esses comandos da TCL desempenham um papel fundamental no gerenciamento de transações em bancos de dados. Eles permitem que os usuários controlem o início, o término e o rollback de transações, garantindo a consistência e a integridade dos dados.

O que é um CRUD e sua relação com a SQL

CRUD é um acrônimo que representa as quatro principais operações utilizadas em sistemas que lidam com dados: create (criação), read (leitura), update (atualização) e delete (exclusão). Essas operações correspondem às ações básicas que podem ser realizadas sobre os dados armazenados em um banco de dados ou qualquer outra fonte de informação.

A relação entre CRUD e SQL é bastante direta, pois a linguagem SQL fornece os comandos necessários para realizar cada uma dessas operações em um banco de dados relacional:

- A operação de criação, que corresponde à inserção de novos registros no banco de dados, é realizada por meio do comando SQL INSERT. Esse comando possibilita adicionar novos registros a uma tabela existente, especificando os valores que devem ser inseridos em cada coluna. Por exemplo:

```
INSERT INTO tabela (coluna1, coluna2, coluna3) VALUES
(valor1, valor2, valor3);
```

- A operação de leitura, que corresponde à recuperação de dados do banco de dados, é feita por meio do comando SQL SELECT. Esse comando permite consultar e recuperar informações específicas das tabelas do banco de dados utilizando critérios de busca e filtragem. Por exemplo:

```
SELECT coluna1, coluna2 FROM tabela WHERE condicao;
```

- A operação de atualização, que corresponde à modificação dos dados existentes no banco de dados, é executada por meio do comando SQL UPDATE. Esse comando permite modificar os valores das colunas de registros existentes em uma tabela, de acordo com critérios específicos. Por exemplo:

```
UPDATE tabela SET coluna1 = novo_valor WHERE condicao;
```

- A operação de exclusão, que corresponde à remoção de registros do banco de dados, é realizada por meio do comando SQL DELETE. Esse comando viabiliza a exclusão de registros de uma tabela com base em condições específicas. Por exemplo:

```
DELETE FROM tabela WHERE condicao;
```

Esses comandos SQL formam a base para a implementação das operações CRUD em um banco de dados relacional. Eles permitem que os desenvolvedores realizem todas as operações básicas de criação, leitura, atualização e exclusão de dados, além de oferecer uma forma poderosa e eficiente de manipular informações em sistemas de software.

PRINCÍPIO DA SEGURANÇA PARA BANCO DE DADOS

O princípio da segurança para banco de dados é uma abordagem que visa garantir a proteção dos dados armazenados contra acessos não autorizados, modificação indevida, perda de integridade e outros tipos de ameaças à segurança da informação. A segurança de banco de dados é essencial para proteger informações sensíveis e confidenciais, garantindo que apenas usuários autorizados tenham acesso aos dados e que esses dados sejam manipulados de maneira segura e adequada.

Para falar de uma forma mais prática sobre a segurança em bancos de dados, podemos iniciar pelo princípio de Least Privilege (privilégio mínimo). Isso significa que os usuários e aplicativos devem ter acesso apenas aos recursos e dados necessários para realizar suas funções específicas, sem privilégios desnecessários.

Por exemplo, em um banco de dados, é recomendável criar diferentes níveis de acesso para os usuários, concedendo apenas as permissões mínimas necessárias para realizar suas tarefas. Isso pode incluir a criação de usuários com privilégios limitados para operações básicas, como consulta, inserção e atualização de dados, e usuários com privilégios mais elevados para administração e manutenção do banco de dados.

Além disso, é fundamental realizar auditorias regulares de segurança, monitorando e registrando atividades suspeitas ou não autorizadas no banco de dados, a fim de identificar e responder rapidamente a possíveis violações de segurança.

Esses são apenas alguns dos princípios e práticas fundamentais para garantir a segurança de um banco de dados que, juntamente com medidas robustas de autenticação, autorização, atualização e auditoria, pode ajudar a garantir a segurança e a integridade dos dados em um banco de dados.

Outras práticas podem incluir:

- Utilização de técnicas de criptografia para proteger os dados armazenados no banco de dados contra acesso não autorizado. Isso inclui a criptografia de dados em repouso (armazenados no banco de dados) e em trânsito (transmitidos pela rede), garantindo que os dados permaneçam protegidos mesmo se forem interceptados por terceiros.

- Implementação de mecanismos de auditoria e monitoramento para rastrear e registrar todas as atividades realizadas no banco de dados, incluindo acessos, modificações e tentativas de acesso não autorizado. Isso permite detectar e responder rapidamente a qualquer atividade suspeita ou violação de segurança.

- Estabelecimento de políticas de backup e recuperação de dados para garantir a disponibilidade e integridade dos dados em caso de falhas de hardware, desastres naturais, ataques cibernéticos ou outros eventos que possam comprometer a segurança dos dados. Os backups regulares garantem que os dados possam ser restaurados rapidamente em caso de perda ou corrupção.

- Manutenção regular do sistema de banco de dados, aplicando atualizações de segurança e patches fornecidos pelos fabricantes do sistema de gerenciamento de banco de dados (SGBD). Isso ajuda a corrigir vulnerabilidades conhecidas e a garantir proteção contra as mais recentes ameaças de segurança.

É sempre muito importante adotar uma abordagem abrangente para a segurança, considerando todos os aspectos do sistema de banco de dados, desde a infraestrutura física até as políticas de acesso e as medidas de proteção de dados.

ARREMATANDO AS IDEIAS

Os bancos de dados desempenham um papel fundamental no desenvolvimento de sistemas de informação e fornecem a estrutura necessária para armazenar, organizar e acessar dados de maneira eficiente e precisa. Ao longo do tempo, a modelagem e o desenvolvimento de banco de dados evoluíram para atender às demandas por sistemas mais complexos, escaláveis e flexíveis.

Atualmente, vemos a modelagem de banco de dados sendo aplicada em uma variedade de contextos, desde sistemas de comércio eletrônico até plataformas de mídias sociais e aplicativos móveis.

Em sistemas de comércio eletrônico, por exemplo, entidades como "produto", "cliente" e "pedido" são modeladas e relacionadas em bancos de dados para facilitar a gestão de estoque, o processamento de pedidos e a análise de dados de vendas.

Olhando para o futuro, podemos antecipar uma série de tendências e desafios que influenciarão a modelagem de banco de dados. Um exemplo é o crescimento exponencial de dados gerados por dispositivos IoT (Internet das Coisas), que exigirá abordagens inovadoras na modelagem de dados em tempo real e na integração de dados heterogêneos.

Além disso, a ascensão da inteligência artificial e da análise de big data abrirá novas possibilidades e desafios na modelagem de dados, com a necessidade de lidar com grandes volumes de dados nao estruturudos e de aplicar técnicas avançadas de análise para extrair insights significativos.

Assim, a modelagem de banco de dados continuará a desempenhar um papel central na construção de sistemas de informação robustos e adaptáveis. Ao abraçar as tendências emergentes e aplicar princípios sólidos de modelagem de dados, poderemos desenvolver sistemas que impulsionam a inovação, promovem a tomada de decisões informadas e capacitam as organizações a alcançar seus objetivos estratégicos.

CAPÍTULO 3

Tecnologias de back-end

1. De que maneira podemos assegurar que o sistema de suporte continue sendo eficiente e capaz de se expandir em um cenário em que as necessidades estão em constante evolução e se tornam cada vez mais intricadas?

2. Qual a relevância do back-end na criação de experiências de usuário surpreendentes, e de que forma podemos conciliar sua solidez com a busca por velocidade e criatividade?

3. Diante de um contexto de constante atenção à proteção de informações, de que maneira podemos reforçar a segurança do sistema de retaguarda contra ataques virtuais cada vez mais complexos e duradouros?

Por trás das cortinas!

Nos bastidores do mundo tecnológico, em que os processos acontecem de forma discreta, encontra-se a importância do lado do servidor. Ele é a base invisível que suporta toda a interação digital que você experimenta. Enquanto o lado do cliente é o centro das atenções, é no lado do servidor que os dados são analisados, as tarefas são realizadas e a mágica acontece. É como um regente conduzindo uma orquestra invisível, garantindo que cada nota seja executada na hora certa, sem que o público perceba sua atuação. Por trás de cada clique, cada transação, cada interação, está o servidor, moldando o universo digital com sua complexidade e influência discreta.

As ferramentas e plataformas de back-end são responsáveis por toda a infraestrutura necessária para o funcionamento dos sistemas web, sendo fundamentais para garantir o bom desempenho e a eficiência das aplicações, mesmo que não sejam visíveis diretamente pelos usuários.

As ferramentas tecnológicas lidam com manipulação de informações, raciocínio empresarial, conexão de sistemas, administração de bancos de dados e demais elementos cruciais para garantir o devido funcionamento de um site. As ferramentas de retaguarda são responsáveis por operar pedidos feitos pelos usuários, acessar e modificar o banco de dados, criar conteúdo dinâmico e autenticar usuários, além de outras atribuições.

Os recursos utilizados para criar a infraestrutura são de linguagens de programação, estruturas e coleções utilizadas para criar a seção do software ou app que supervisiona a lógica comercial, a manipulação de informações, as conexões com o banco de dados e outras funcionalidades que não estão visíveis para o usuário final. A seguir, falaremos de algumas das principais infraestruturas utilizadas no momento.

TIPOS DE LINGUAGENS DE CODIFICAÇÃO MAIS UTILIZADAS

Java é amplamente utilizado no desenvolvimento de sistemas back-end devido à sua confiabilidade, flexibilidade e capacidade de expansão. Há diferentes formas de aplicar o Java no back-end, como na criação de sistemas web, em serviços RESTful, APIs (application programming interfaces, ou interfaces de programação de aplicativos), soluções corporativas e diversas outras aplicações. A seguir estão citados alguns dos principais elementos e tecnologias associadas ao uso do Java no desenvolvimento back-end:

- Java EE, também conhecido como Java Enterprise Edition, consiste em um conjunto de diretrizes e interfaces de programação para a elaboração de softwares corporativos utilizando a linguagem Java. Esse conjunto disponibiliza diversas funcionalidades destinadas a atender demandas recorrentes em aplicações voltadas para o ambiente empresarial, tais como segurança, armazenamento de informações, gerenciamento de transações, comunicação de dados e muito mais.

- O Spring Framework é um dos frameworks mais utilizados para desenvolvimento em Java no lado do servidor. Esse framework oferece diversas funcionalidades, como injeção de dependência, gerenciamento de transações, segurança, suporte a RESTful, entre outras. O Spring Boot, uma extensão do Spring Framework, simplifica ainda mais o processo de desenvolvimento, automatizando a configuração e facilitando a criação de aplicações Java independentes.

- Servlets são elementos em Java utilizados para expandir as funcionalidades de servidores web, e JSP (JavaServer Pages) é uma ferramenta que possibilita a elaboração de páginas web interativas por meio do uso de Java. Essas duas tecnologias são muito populares na criação de aplicações web em Java.

- Os serviços RESTful são comumente desenvolvidos em Java para facilitar a comunicação entre sistemas distintos pela web. Ferramentas como Spring Boot e JAX-RS tornam a criação de APIs RESTful mais simples utilizando a linguagem Java.

- A JPA (Java Persistence API) é uma ferramenta do Java que auxilia no mapeamento objeto-relacional em aplicações Java. Ela proporciona aos desenvolvedores uma maneira mais eficiente e abstrata de trabalhar com bancos de dados relacionais.

- Java oferece suporte a uma grande diversidade de sistemas de gerenciamento de banco de dados, como MySQL, PostgreSQL, Oracle, SQL Server, entre outros. Os programadores têm a opção de utilizar o JDBC (Java database connectivity) para estabelecer conexões e operar em banco de dados relacionais.

Essas são apenas algumas das tecnologias e ferramentas frequentemente utilizadas no processo de desenvolvimento de back-end com a linguagem Java. A seleção exata das tecnologias varia conforme as necessidades do projeto, a expertise da equipe de desenvolvimento e outros elementos específicos do ambiente.

Python é amplamente utilizado para desenvolvimento de back-end devido a sua facilidade de uso, clareza e abundância de frameworks e bibliotecas disponíveis. A seguir, listamos algumas formas de aplicar Python no back-end.

- Frameworks web: diversos são os frameworks web em Python que auxiliam no processo de criação de aplicações back-end. Alguns dos mais conhecidos são:

    - Django: é uma ferramenta avançada para construção de aplicações web, facilitando o processo de criação com eficiência e organização. Sua ampla gama de funcionalidades, como gerenciamento de usuários, mapeamento objeto-relacional (ORM) e administração de conteúdo, torna-a uma escolha robusta para desenvolvedores.

    - Flask: um micro-framework versátil e leve, perfeito para desenvolver aplicativos web simples e APIs RESTful. Ele proporciona liberdade para selecionar as ferramentas e bibliotecas de sua preferência.

    - FastAPI: uma estrutura contemporânea e ágil para desenvolver interfaces de programação de aplicações web utilizando Python. É reconhecido por sua agilidade na execução e pela automática e simples documentação.

- Python possui suporte para diversos tipos de bancos de dados, sejam eles relacionais ou não. Alguns exemplos populares são:

    - SQLite: é uma opção ideal de banco de dados para aplicações de pequeno porte ou projetos de protótipo devido à sua natureza leve e integrada.

    - PostgreSQL e MySQL: são sistemas de gerenciamento de banco de dados relacionais amplamente utilizados em diversas aplicações on-line.

    - MongoDB: é uma solução de banco de dados NoSQL que se baseia em documentos, sendo ideal para aplicações que necessitam de um esquema de dados flexível.

- Mapeamento objeto-relacional (ORM): ferramentas como Django ORM, SQLAlchemy e Peewee possibilitam aos programadores Python manipular bancos de dados relacionais por meio de objetos Python, sem a necessidade de redigir consultas SQL de forma manual.

- APIs RESTful: a linguagem Python é comumente empregada na criação de APIs RESTful que facilitam a interação entre sistemas diversos. Ferramentas como Flask e Django Rest Framework tornam a tarefa de construir e documentar APIs web mais simples.

- Servidores de internet: a linguagem de programação Python pode ser utilizada em diversos servidores de internet, como Apache, Nginx e servidores de internet integrados oferecidos por plataformas como Django e Flask.

Existem diversas possibilidades de utilizar Python no desenvolvimento do lado do servidor. A decisão sobre quais tecnologias adotar vai depender das necessidades do projeto, das preferências da equipe de desenvolvimento e de outros aspectos particulares do ambiente de trabalho.

JavaScript é amplamente reconhecida como uma linguagem de programação utilizada no desenvolvimento de interfaces visuais; no entanto, também é aplicável no desenvolvimento da parte de trás de um sistema. Essa versatilidade é assegurada pelo Node.js, uma plataforma de execução de códigos JavaScript que viabiliza a sua execução no servidor.

Veja a seguir algumas das principais formas de utilizar JavaScript no servidor, com destaque para o Node.js:

- Node.js é uma ferramenta que possibilita a execução de scripts em JavaScript no servidor. Baseado no motor V8 do navegador Google Chrome, este ambiente assíncrono e orientado a eventos é ideal para projetos que exigem comunicação em tempo real e escalabilidade. Utilizando o Node.js, é possível criar APIs, serviços web, aplicativos de chat, entre outras soluções.

- Frameworks para desenvolvimento web: existem diversos frameworks disponíveis para Node.js que auxiliam no desenvolvimento de aplicações back-end. Alguns dos mais bem aceitos são:

- Express.js é um framework versátil e simples que tem muita popularidade na criação de APIs RESTful e aplicações web. Sua estrutura facilita o gerenciamento de rotas, requisições e respostas HTTP, oferecendo diversas funcionalidades de forma simplificada.

- NestJS é uma plataforma progressiva e baseada em objetos projetada para desenvolver aplicativos back-end escaláveis e eficientes em Node.js. Inspirado no Angular, oferece uma estrutura modular e pronta para uso.

■ Armazenamento de dados: Node.js possui suporte para diferentes tipos de sistemas de gerenciamento de bancos de dados, sejam eles relacionais ou não relacionais. Alguns dos mais populares são:

- MongoDB é um sistema de gerenciamento de banco de dados NoSQL conhecido por sua eficiência com Node.js graças à sua capacidade de lidar com dados semiestruturados e sua flexibilidade de esquema.

- PostgreSQL e MySQL são dois bancos de dados relacionais amplamente utilizados, podendo ser conectados por meio de drivers Node.js.

■ APIs RESTful: da mesma forma que em outras linguagens de servidor, o Node.js é amplamente utilizado para criar APIs RESTful que facilitam a troca de informações entre sistemas distintos. Libs como Express.js e NestJS tornam mais simples o desenvolvimento de APIs web escaláveis e eficazes.

■ Pacotes npm: o Node.js possui um sistema de pacotes npm muito extenso que disponibiliza diversos módulos e bibliotecas para auxiliar no desenvolvimento de aplicações back-end. Esses pacotes são úteis para realizar funções cotidianas, como autenticação de usuários, gerenciamento de arquivos, conexão de rede, entre outras.

Aqui listamos apenas algumas formas de utilizar JavaScript no desenvolvimento back-end com Node.js. A seleção das tecnologias exatas varia de acordo com as necessidades do projeto, as preferências da equipe de desenvolvimento e outros aspectos específicos do cenário em questão.

SUGESTÃO

Versionamento de código: utilize ferramentas como Git para versionar o seu código e colaborar com outros desenvolvedores.

A linguagem de programação C# (C Sharp) foi criada pela Microsoft e é bastante utilizada para a criação de aplicativos de back-end, especialmente em sistemas operacionais Windows. A seguir estão listadas algumas formas de utilizar o C# no desenvolvimento de back-end.

- ASP.NET é uma plataforma desenvolvida pela empresa Microsoft e voltada para a criação de aplicações web. Com ela, é possível utilizar diversas ferramentas para o desenvolvimento de aplicativos usando C# no back-end. Dentre os principais elementos disponíveis, estão:

    - ASP.NET Web Forms: plataforma construída em torno de elementos de controle que facilita a criação de aplicações web com base em formulários.

    - ASP.NET MVC (model-view-controller): estrutura que adere ao padrão MVC para criar aplicativos web. Esta tecnologia oferece maior precisão no controle do código e da arquitetura do software.

    - ASP.NET Web API: estrutura para desenvolver serviços web HTTP/RESTful utilizando C#. Possui ampla aplicação na criação de APIs back-end para aplicações web e móveis.

- ASP.NET Core é uma alternativa multiplataforma e de código aberto ao ASP.NET, ideal para a criação de aplicativos web, serviços de back-end e APIs utilizando a linguagem C#.

- Framework de entidade: é uma ferramenta ORM criada pela Microsoft para o .NET Framework. Ela facilita a interação e o gerenciamento de informações em banco de dados relacionais utilizando a linguagem C#. Com o framework de entidade, os programadores podem trabalhar com objetos de domínio em lugar de lidar diretamente com comandos SQL.

- Bancos de informações: a linguagem de programação C# possui suporte para diversos tipos de bancos de dados, tanto relacionais como não relacionais. Alguns dos mais frequentemente utilizados são:

  - Microsoft SQL Server: é um software para a administração de bancos de dados criado pela Microsoft, muito utilizado em conjunto com programas C# e .NET.

  - MySQL e PostgreSQL: são bancos de dados relacionais amplamente utilizados e que podem ser conectados por meio de drivers em linguagem C#.

  - MongoDB: é um sistema de gerenciamento de banco de dados NoSQL baseado em documentos que permite acesso por meio de bibliotecas específicas do MongoDB para a linguagem de programação C#.

- Os aplicativos C# têm a capacidade de serem hospedados em diversos servidores de aplicativos, tais como o Microsoft Internet Information Services (IIS) e o Apache com o módulo Mono.

- APIs RESTful: a linguagem C# é comumente empregada na criação de APIs RESTful que facilitam a interação entre distintos sistemas. Essa tarefa pode ser realizada por meio do ASP.NET Web API ou de outras ferramentas disponíveis no mercado.

Essas são apenas algumas das formas de utilizar o C# para desenvolver a parte traseira de um sistema. A seleção exata das tecnologias vai depender das necessidades do projeto, das escolhas da equipe de desenvolvimento e de outros elementos particulares do cenário em questão.

Linguagem back-end e integração com front-end

A união entre o back-end e o front-end possui extrema importância no processo de criação de aplicativos on-line e softwares. A seguir, serão apresentados dados essenciais acerca de cada um desses elementos e de que maneira ocorre a integração entre eles.

Lado do servidor:

O termo back-end é utilizado para descrever a área de um programa ou plataforma que se responsabiliza pela lógica de funcionamento, pelo processamento de informações, pela interação com o banco de dados e por demais atividades realizadas no servidor.

Algumas opções populares de linguagens de programação para o desenvolvimento de servidores incluem Python (com ferramentas como Django ou Flask), JavaScript (com Node.js), Java (com Spring ou Hibernate), Ruby (com Ruby on Rails), PHP (com Laravel ou Symfony), entre outras alternativas disponíveis.

No servidor, são executadas funcionalidades como verificação de identidade do usuário, checagem de informações, tratamento de arquivos, preenchimento de formulários, conexão com o banco de dados e envio de respostas pela rede.

Interface do usuário:

O termo front-end é utilizado para se referir à seção do sistema ou aplicativo com a qual o usuário entra em contato diretamente. Trata-se da visualização do usuário, encarregada de mostrar dados e capturar as ações do usuário.

Tecnologias frequentes para construção do front-end envolvem HTML, CSS e JavaScript. Algumas ferramentas populares englobam React.js, AngularJS e Vue.js, além de bibliotecas como jQuery.

No desenvolvimento de front-end, são elaboradas interfaces de usuário interativas, adaptáveis e esteticamente agradáveis. Isso envolve o planejamento de designs, interações do usuário, verificação de dados inseridos e exibição de informações vindas do back-end.

Conexão entre a camada de servidor e a interface do usuário:

A comunicação entre as partes internas e externas de um sistema é frequentemente feita por meio de APIs (application programming interfaces). O sistema interno disponibiliza pontos de acesso da API que o sistema externo pode utilizar para trocar informações.

As informações são comumente transferidas em estruturas como JSON (JavaScript object notation) ou XML (eXtensible markup language) por meio de requisições HTTP (como GET, POST, PUT, DELETE).

A camada de interface pode enviar pedidos ao servidor de aplicação para recuperar ou enviar informações, e o servidor de aplicação trata esses pedidos, realiza as operações de negócio necessárias e devolve os resultados à camada de interface.

Além disso, o processo de integração requer a coordenação do estado entre o sistema principal e a parte visual, de modo a assegurar a veracidade e atualidade das informações apresentadas ao usuário.

De maneira sucinta, a sincronia entre as partes traseira e dianteira de um programa ou site é fundamental para o seu bom funcionamento, possibilitando uma interação do usuário fluida e eficiente.

Ambiente de desenvolvimento

A fim de estabelecer um ambiente de desenvolvimento eficaz para a parte de trás do sistema, serão necessárias algumas ferramentas e configurações básicas. Seguem os passos fundamentais para iniciar essa jornada de programação:

Seleção da linguagem de programação e framework:

Selecione a linguagem de programação que mais se adequar às suas demandas, podendo ser Python, JavaScript (Node.js), Java, Ruby, PHP, entre outras opções disponíveis. Em seguida, opte por um framework amplamente utilizado na linguagem selecionada para simplificar a criação e oferecer funcionalidades extras, tais como Django ou Flask para Python, Express.js para Node.js, Spring para Java, Ruby on Rails para Ruby, Laravel para PHP, entre outros.

Configuração de equipamentos:

Faça a instalação de um bom editor de código, como Visual Studio Code, Sublime Text, Atom ou algum outro que você goste. Então, configure um terminal ou console para rodar comandos no sistema operacional. Faça a instalação do Git para controlar as versões do seu código – essa é uma ferramenta essencial para trabalhar em equipe e gerenciar projetos de programação.

Preparação do ambiente para desenvolvimento:

Estabeleça uma estrutura de desenvolvimento em seu computador. Essa etapa pode incluir a configuração de um servidor web local (como Apache, Nginx) e um banco de dados local (como MySQL, PostgreSQL), conforme as necessidades do seu projeto; também podemos utilizar o XAMPP para prover o servidor web local e banco de dados local. Crie um ambiente virtual para separar suas instalações e manter sua aplicação organizada. Por exemplo, é possível utilizar o venv para Python ou o yarn e npm para JavaScript/Node.js.

Controle de relações de dependência:

Utilize uma ferramenta de controle de dependências apropriada para o seu ambiente de desenvolvimento – por exemplo, pip para o Python, npm para o Node.js, Maven para o Java, Bundler para o Ruby, Composer para o PHP, entre outras opções.

Guarde um documento de registro de dependências (ex: requirements.txt para Python, package.json para Node.js) contendo todas as dependências utilizadas no seu projeto.

Ajustes no sistema de armazenamento de dados:

Realize a configuração do banco de dados selecionado para o seu projeto. Essa ação pode incluir a criação de um banco de dados local específico para o desenvolvimento e outro para a produção, de acordo com as necessidades do seu projeto. Além disso, defina as informações de autenticação para o acesso ao banco de dados em seu ambiente de desenvolvimento, de modo que sua aplicação consiga estabelecer conexão de forma eficaz.

Criação de API e estratégias empresariais:

Inicie a elaboração da estratégia empresarial de seu aplicativo, estabelecendo rotas/APIs para gerenciar as demandas dos usuários. Experimente suas APIs utilizando ferramentas como Postman ou Insomnia para assegurar que estejam operando conforme o previsto.

Experimentos e correções:

Desenvolva testes automatizados para assegurar a correta execução do seu código, e utilize as funcionalidades de debugging disponíveis em sua plataforma de desenvolvimento para encontrar e resolver erros no código.

Registro:

Registre todas as informações sobre seu código e APIs para tornar mais fáceis a manutenção e a cooperação com outros profissionais que atuam no desenvolvimento. Para isso, você pode utilizar recursos de documentação, como Swagger/OpenAPI, para registrar suas APIs.

Essas são as etapas essenciais para preparar um ambiente de desenvolvimento back-end. Caso haja exigências particulares em seu projeto, pode ser necessário incluir ou modificar algumas etapas.

Versionamento com GIT e compartilhamento com GitHub

O versionamento de programas é o procedimento de dar identificadores exclusivos (comumente números ou sequências de caracteres) a versões individuais de um programa durante sua criação e progresso. Esse método possibilita monitorar e gerenciar alterações realizadas ao longo do tempo, facilitando a cooperação entre programadores, gerenciamento de código-fonte e lançamento de programas.

São inúmeras as justificativas que tornam o versionamento de software indispensável. Uma delas é o controle de mudanças, já que a prática de versionamento possibilita o registro de todas as mudanças realizadas no código-fonte no decorrer do tempo, abrangendo inclusões, exclusões e ajustes de funcionalidades. O versionamento também torna o trabalho em equipe mais eficaz, pois facilita a colaboração de múltiplas pessoas em um projeto, assegurando que todos estejam informados sobre as modificações efetuadas por outros integrantes do grupo.

Também é possível desfazer mudanças; assim, se uma modificação causar dificuldades no programa, é viável retornar para uma versão anterior que esteja funcionando bem, reduzindo os efeitos de erros ou problemas que surgiram no código. Há, ainda, o controle de versões, que simplifica a disseminação e implementação de distintas versões do programa para consumidores, clientes ou locais de produção.

Por fim, temos o registro do progresso – as mensagens de confirmação e as marcações de versão oferecem um registro significativo sobre as modificações realizadas no código ao longo do tempo, auxiliando na compreensão da evolução do desenvolvimento do programa.

Para realizar controle de versão de código utilizando Git e compartilhar por meio do GitHub, siga estes passos:

Configuração do Git:

Caso ainda não possua o Git instalado em seu computador, faça o download e instale a versão compatível com o seu sistema operacional através do site oficial do Git: https://git-scm.com/.

Após concluir a instalação, certifique-se de que o Git está devidamente configurado em seu sistema, digitando **git --version** no prompt de comando.

Personalização do Git:

Configure seu nome de usuário e endereço de e-mail no Git usando os seguintes comandos no terminal:

```
git config --global user.name "Seu Nome"
git config --global user.email "seu@email.com"
```

Desenvolvimento de um arquivo interno:

Acesse o diretório do seu projeto por meio do terminal.

Inicie um repositório Git local executando o seguinte comando:

```
git init
```

Inclusão de documentos no banco de dados:

Adicione os arquivos do seu projeto ao controle de versão Git usando o seguinte comando:

```
git add .
```

Registro das mudanças:

Faça um commit das alterações usando o seguinte comando, incluindo uma mensagem descritiva:

```
git commit -m "Mensagem descritiva do commit"
```

Implementação de um banco de dados no GitHub:

Entre no website do GitHub (disponível em: https://github.com/) e realize o acesso à sua conta (ou faça o cadastro de uma conta nova, caso seja necessário).

Para iniciar um novo projeto, clique no botão "Novo", localizado no lado direito superior da tela, para criar um novo repositório. Em seguida, informe o nome do diretório, insira uma breve descrição, se desejar, e faça as demais configurações conforme sua necessidade. É possível escolher iniciar o diretório com um arquivo README, incluir um arquivo de licença, entre outras opções disponíveis.

Pressione o botão "Criar repositório" para começar a criação do novo repositório no GitHub.

Integração do diretório local com o diretório remoto no GitHub:

Cole o endereço do repositório on-line no GitHub. Depois, adicione o repositório remoto ao seu repositório local usando o seguinte comando, substituindo <URL_do_repositório> pela URL que você copiou:

```
git remote add origin <URL_do_repositório>
```

Envio das modificações para o GitHub:

Envie suas alterações para o repositório remoto no GitHub usando o seguinte comando:

```
git push -u origin master
```

Esta ação fará com que a ramificação master do seu diretório local seja enviada para o repositório remoto no GitHub.

A partir de agora, toda vez que você realizar novas operações no seu banco de dados local, é possível enviar essas modificações para o GitHub utilizando o comando **git push**. Além disso, é viável duplicar repositórios já existentes no GitHub para seu ambiente local pelo comando **git clone <url_do_repositório>. </url_do_repositório>**

A prática de versionamento de programas é fundamental para assegurar a eficácia no desenvolvimento, na manutenção e na implementação de softwares de alto nível.

Cookies e sessões

Cookies e sessões são duas práticas frequentes empregadas na internet para guardar dados momentâneos relativos à participação do utilizador com um portal. Ainda que ambas sejam utilizadas para controlar a condição do utilizador numa aplicação on-line, possuem distinções significativas.

Os cookies são arquivos compactos de texto guardados no navegador do utilizador. São utilizados para armazenar informações pessoais do utilizador, como preferências de site, dados de login, entre outros. Podem ter diferentes durações, sendo alguns persistentes e outros de sessão. Os cookies persistentes continuam armazenados no navegador do usuário mesmo após o fechamento do navegador, ao passo que os cookies de sessão são temporários e são excluídos quando o navegador é encerrado.

Os dados de rastreamento são transferidos do servidor para o navegador do utilizador e, posteriormente, enviados de volta pelo navegador para o servidor em todas as futuras requisições ligadas ao mesmo endereço de website. Em relação às suas dimensões, eles possuem algumas restrições e comumente ficam em torno de 4 KB por cookie e até 20 cookies por domínio.

SUGESTÃO

A segurança é crítica para qualquer aplicação. Para criar uma aplicação mais segura, é importante aprender sobre conceitos como autenticação, autorização, criptografia e como se prevenir contra ataques cibernéticos.

Já as sessões normalmente retêm informações no servidor em uma estrutura de dados associativa como uma array ou um mapa. Um identificador exclusivo da sessão é transferido para o navegador do usuário, comumente por meio de um cookie, e esse identificador é utilizado para resgatar as informações da sessão no servidor. Em geral, as sessões são mais efêmeras do que os cookies persistentes. Elas podem se manter ativas apenas enquanto a janela do navegador estiver aberta ou por um intervalo de tempo determinado, de acordo com as configurações do servidor.

Os cookies são menos seguros em comparação com as sessões, uma vez que informações confidenciais não ficam armazenadas no navegador do usuário. Contudo, é essencial garantir a segurança do identificador da sessão para evitar possíveis ataques, como o sequestro de sessão. As sessões não possuem restrições diretas de dimensão, uma vez que as informações são guardadas no servidor. No entanto, o excesso de armazenamento de dados na sessão pode impactar o funcionamento do servidor.

Em quais situações devemos utilizar cada um?

- Cookies são ótimos para guardar informações importantes dos usuários, como escolhas de idioma, informações de login, itens no carrinho de compras, entre outros.

- Sessões são recomendadas para guardar dados temporários durante a interação do usuário, como informações de autenticação provisória e dados de formulários em etapas distintas.

De forma resumida, os cookies são criados no browser do visitante e servem principalmente para guardar informações consistentes, ao passo que as sessões são criadas no servidor e são mais apropriadas para armazenar dados momentâneos da interação do usuário.

Orientação a objeto

Programação orientada a objetos (POO) é uma abordagem de programação que utiliza objetos, os quais possuem atributos (dados) e métodos (código). A interação desses objetos permite a construção de programas e sistemas de forma eficiente e organizada.

A POO é muito empregada na criação de programas de computador por ser capaz de representar problemas complexos de maneira mais clara e organizada, tornando a manutenção, reutilização e expansão do código mais simples. Linguagens de programação como Ruby, PHP, Swift e Kotlin, Java, JavaScripts, entre outras, também são conhecidas por suportar esse paradigma.

Classes e objetos

Na POO, classes e objetos (ou itens) são conceitos essenciais. Por isso, vamos explicar as definições de cada termo.

A classe é um conceito que estabelece as características e os atributos de um determinado tipo de item e serve como um plano ou um esquema para a criação de itens. Ela especifica os atributos (também conhecidos como propriedades, campos ou variáveis de instância) que cada item dessa classe vai possuir, assim como os métodos (também chamados de funções ou rotinas) que podem operar sobre esses itens. Por exemplo, ao desenvolver um sistema para lidar com casas, poderíamos ter uma classe chamada "Casa", que determina os atributos compartilhados por todas as casas (como número de quartos, tamanho, localização) e métodos relacionados (como construir, demolir, decorar).

Já o objeto, ou item, é a representação de uma classe. Ele retrata um elemento específico do mundo real que segue a estrutura determinada pela classe. Dessa forma, o objeto/item possui valores próprios para os atributos definidos na classe e consegue invocar os métodos determinados na classe para executar operações específicas. Por exemplo, se for criado um item a partir da classe "Animal", teremos um animal específico com valores específicos para espécie, nome e idade, e será possível chamar métodos nesse item como comer, dormir e brincar.

Em síntese, uma classe é um esquema que define um tipo de item, detalhando seus atributos e métodos, enquanto o objeto/item é uma manifestação concreta dessa classe, com seus próprios valores de atributos e a habilidade de executar os métodos definidos na classe. As classes funcionam como modelos para criar objetos/itens e estruturar o código de maneira mais organizada e reutilizável. Sendo assim, os objetos/itens fazem parte da classe, que os define.

Atributos

Na POO, os atributos são informações ou valores vinculados a um objeto de uma classe determinada. Eles refletem o estado interno do objeto e definem as suas características. Cada objeto possui seus próprios dados para esses atributos. Os atributos também são chamados de campos, propriedades ou variáveis de instância.

Aqui, apresentamos algumas qualidades dos elementos em POO:

- Representação de informações: as características simbolizam informações que descrevem a condição de um item. Essas informações podem abranger dados como título, tempo de vida, tonalidade, dimensão, entre outros, conforme o ambiente da categoria.

- Visibilidade: nas linguagens de POO, como Java e C++, os atributos têm níveis de visibilidade distintos, como público, protegido ou privado, que definem quais usuários podem acessar e alterar esses atributos.

- Começo: valores padrão podem ser atribuídos aos elementos quando eles forem definidos na estrutura da classe ou atribuídos posteriormente durante a execução do código, por meio de construtores ou métodos de ajuste.

- Encapsulamento: o encapsulamento desempenha um papel fundamental na programação orientada a objetos, pois permite que os atributos sejam protegidos e controlados por meio de métodos específicos da classe. Essa prática visa resguardar os dados do objeto e assegurar sua manipulação de forma adequada.

- Formatos de informação: as propriedades são capazes de possuir diversas formas de dados, tais como números inteiros, cadeias de caracteres, valores booleanos ou mesmo outras entidades. Essa diversidade possibilita a representação de uma ampla gama de informações contidas em um determinado objeto.

Tomando como exemplo uma categoria "Indivíduo", podemos pensar em algumas características comuns, como denominação, anos, estatura, massa, entre outras. Cada exemplar da categoria "Indivíduo" seria único, possuindo valores exclusivos para essas características e representando indivíduos distintos.

Resumidamente, as características na POO são componentes essenciais que refletem a condição interna de um objeto e são indispensáveis para representar entidades do mundo real de maneira eficiente.

Tipos de dados

Na POO, assim como em diversas outras abordagens de programação, encontramos uma variedade de tipos de dados que são empregados para expressar informações e valores em um programa. Alguns exemplos de tipos de dados frequentemente utilizados são:

- Números inteiros (int): referem-se a valores sem casas decimais, tais como -10, 0, 42, 1000, entre outros. Dependendo da linguagem de programação, os inteiros podem ser de tamanhos variados, como 32 bits ou 64 bits.

- Números de ponto flutuante (float ou double): são utilizados para representar valores com casas decimais, como 3.14, -0.001, 2.71828, entre outros. A principal diferença entre os tipos float e double está na precisão e no intervalo de valores que podem ser representados.

- Booleano (bool): corresponde a valores de verdade ou mentira (true ou false). É frequentemente empregado em expressões lógicas e em construções de controle de fluxo, como estruturas condicionais e repetições.

- Carácter (char): simboliza um único símbolo, como 'Z', 'x', '9', '?', etc. Cada símbolo é guardado como um valor inteiro correspondente à sua posição na tabela ASCII ou Unicode.

- String: constitui uma cadeia de caracteres, exemplificada por expressões como "Alô, planeta!", "xyz456", "identificação do usuário", entre outras. As strings têm a função de guardar dados de texto e desempenham um papel essencial na manipulação de informações verbais em softwares.

- Objetos: na POO, os tipos de dados podem conter objetos que representam instâncias de classes. Cada objeto possui características e funções específicas.

Além dos dados simples, diversas linguagens de codificação disponibilizam tipos de dados compostos, como matrizes, listas, mapas, grupos, entre outros, que possibilitam guardar conjuntos de informações de maneira organizada.

SUGESTÃO

Escolha uma linguagem de back-end para se aperfeiçoar: Python, Java, JavaScript (Node.js), PHP e Ruby on Rails são algumas das linguagens mais populares. Busque uma linguagem que tenha bastante demanda no mercado e que se encaixe no tipo de projeto em que você gostaria de trabalhar.

Esses são apenas alguns modelos de informações frequentes na programação baseada em objetos. A presença e a forma desses modelos podem mudar conforme a linguagem de programação adotada.

Modificadores de acesso, métodos e propriedades

Na programação orientada a objetos, os modificadores de acesso, métodos e atributos são conceitos essenciais para estruturar e gerenciar o acesso aos dados e às funcionalidades de uma classe. Segue uma análise minuciosa de cada um deles:

- Controles de acesso:

    - Palavras-chave são utilizadas para gerenciar o acesso aos elementos internos (propriedades e funções) de uma classe.

    - Os acessos de permissão definem quais indivíduos podem entrar nos elementos de uma classe e de que forma eles conseguem ser alcançados.

    - Os integrantes públicos podem ser acessados externamente à classe. Qualquer código com acesso à instância da classe pode utilizá-los.

    - Existem diversos tipos de modificadores de acesso. Os principais são:

        ◦ Públicos: os membros públicos de uma classe podem ser utilizados por qualquer código que tenha acesso à instância da classe.

- Privado: os elementos encapsulados estão disponíveis apenas internamente na classe e nas suas subclasses, não podendo ser acessados de fora delas.

- Protegidos: os elementos confidenciais são restritos somente à classe em que estão inseridos. Eles não estão disponíveis para acesso externo à classe nem para subclasses.

Procedimentos

Procedimentos, ou métodos, são rotinas ou instruções específicas contidas em uma classe que determinam o funcionamento dos objetos pertencentes a essa classe. Eles simbolizam as ações que um elemento pode executar. Assim, os procedimentos podem acessar os parâmetros da categoria e interagir com eles para realizar as operações pretendidas.

Da mesma forma que os atributos, os métodos também podem ser controlados por modificadores de acesso que determinam quem tem permissão para invocá-los e de qual lugar podem ser chamados.

Características

As características são especificações de uma classe que comumente possuem métodos de acesso (getters) e de modificação (setters) vinculados a elas.

Os métodos de acesso são utilizados para obter o valor de uma propriedade; já os métodos de modificação são utilizados para mudar o valor da propriedade.

As características proporcionam um método para gerir a entrada e a alteração dos elementos de uma classe, preservando a abstração e o encapsulamento.

Sintetizando esses conceitos, podemos dizer que os modificadores de acesso têm a função de gerenciar a visibilidade dos elementos de uma classe; os procedimentos definem as ações dos objetos; e as características oferecem uma forma controlada de acessar e alterar os atributos de uma classe. Essas ideias são fundamentais para assegurar a proteção, a simplificação e a organização em softwares baseados em objetos.

Encapsulamento e agregação

O encapsulamento e a agregação são fundamentais na POO para a organização e estruturação das classes e objetos. A seguir, vamos detalhar cada um desses termos.

O encapsulamento é um dos conceitos fundamentais da programação orientada a objetos e se baseia em manter ocultos os pormenores internos de execução de uma classe, revelando somente uma interface clara para interação. A técnica de encapsulamento é utilizada para garantir a segurança dos dados de uma classe, regulando a forma como seus elementos (variáveis e funções) são acessados. Normalmente, essa manipulação é feita utilizando modificadores de acesso (como público, protegido e privado) para limitar a visualização direta dos elementos da classe. Em seguida, são criados métodos públicos para realizar operações controladas sobre esses elementos. A encapsulação contribui para a organização do código, possibilitando a modificação interna de uma classe sem interferir nas funcionalidades que a utilizam.

Já a agregação é a combinação de uma conexão entre dois tipos distintos, em que um tipo engloba ou é formado por outro tipo. É uma maneira de demonstrar a conexão "possui" ou "possui vários" entre elementos. Na composição, uma categoria (conhecida como a categoria principal) possui uma ligação com uma outra categoria (a categoria composta) como parte de sua organização de informações. A classe incorporada pode ser autônoma em relação à classe principal e pode ser compartilhada entre diversas instâncias dela.

Um caso típico de associação é a presença de uma classe chamada "Cliente" que contém uma variedade de elementos "Compra". Dessa maneira, os elementos "Compra" podem ter existência própria, sem estar vinculados diretamente à classe "Cliente", mas sendo compartilhados por diferentes clientes.

Resumindo, o encapsulamento está relacionado a esconder os detalhes internos de uma classe e oferecer uma forma controlada de interagir com ela, enquanto a agregação diz respeito à conexão entre classes na qual uma classe contém ou é formada por outra classe. Ambos são conceitos importantes para desenvolver classes bem-organizadas, modulares e passíveis de reutilização.

Conceito de herança

A ideia de herança é um dos pilares essenciais da POO. Esse conceito possibilita que uma classe (denominada classe derivada ou subclasse) receba características (métodos e atributos) de outra classe (conhecida como classe base ou superclasse).

A herança é um método que estabelece uma ligação entre as classes, possibilitando que a classe secundária aproveite e expanda as funcionalidades da classe principal. Isso promove a reutilização de códigos e facilita a estruturação das classes em hierarquias.

A seguir, falaremos a respeito dos aspectos fundamentais da transmissão de bens.

O primeiro deles é a ampliação de capacidades, uma vez que a subclasse tem a capacidade de receber todos os atributos e métodos da superclasse, além de poder incluir novos atributos e métodos exclusivos em sua própria estrutura. Essa flexibilidade possibilita a ampliação e personalização do comportamento da superclasse. Há também o reaproveitamento de código, visto que as classes derivadas não precisam reescrever atributos e métodos que já foram definidos na classe original. Elas podem simplesmente herdar esses elementos e, se preciso, adicionar novos elementos ou modificar os já existentes.

A organização de classes com estrutura hierárquica garante que as classes derivadas recebam características das classes base, tornando-as mais específicas. Essa abordagem simplifica a representação de relações entre objetos do mundo real e a modelagem de domínios complexos.

Outro aspecto importante é o polimorfismo, pois é um dos princípios da herança que permite que objetos pertencentes a classes derivadas sejam tratados como objetos de suas classes base. Dessa forma, os métodos definidos na classe base pode ser reescritos nas classes derivadas, possibilitando que diferentes classes tenham implementações particulares para o mesmo método.

Para dar um exemplo simples de herança, podemos pensar em uma estrutura de classes que representam diversos modelos de animais. A classe principal seria "Animal", com características e ações compartilhadas entre todos os animais, como tamanho, peso, andar(), comer(), etc. Em seguida, poderíamos ter classes filhas, como "Cachorro", "Gato", "Pássaro", que herdam características da classe "Animal" e adicionam outras particularidades e ações específicas de cada tipo de animal.

Interfaces

Na POO, uma interface é um conjunto de métodos que uma classe precisa seguir. Em resumo, ela estabelece um acordo que as classes devem cumprir para se tornar implementadoras da interface. A seguir, vamos tratar dos pontos-chave das interfaces.

Métodos declaração: uma interface especifica métodos que devem ser executados por qualquer classe que a implemente. Entretanto, ela não apresenta a codificação desses métodos, apenas a definição (nome do método, parâmetros e tipo de retorno).

Acordo: uma ligação estabelece um acordo entre a classe que a executa e o código que a emprega. Qualquer classe que execute a ligação deve oferecer uma execução para todos os métodos definidos na ligação.

Diversas interfaces: uma categoria pode adotar diversas interfaces. Isso viabiliza o cumprimento dos acordos estabelecidos por diversos tipos de interfaces, proporcionando uma maior versatilidade na estrutura do código.

Conceito abstrato: as interfaces adicionam uma camada de abstração na programação. Elas permitem que a escrita de código possa ser compatível com diferentes tipos de dados, dependendo apenas das interfaces que esses tipos de dados seguem, em vez de se fixar nas classes específicas.

Design pattern: interfaces são comumente utilizadas em conjunto com outros padrões de design, como o padrão Strategy, a fim de acrescentar flexibilidade e modularidade ao código.

Exemplo prático: um caso rotineiro de utilização de interfaces é a Comparable em Java. Ela estabelece um método exclusivo, compareTo(), que é empregado para fazer comparações entre objetos. Classes que seguem essa interface têm a possibilidade de serem organizadas em coleções, como listas e conjuntos, possibilitando uma ordenação personalizada.

Exemplo de declaração de uma interface em Java:

```java
public interface Automovel {
    void andar();
    void parar();
}
```

Exemplo de implementação de uma interface em uma classe em Java:

```java
public class Carro implements Automovel {
    @Override
    public void andar() {
        System.out.println("Carro em movimento...");
    }
    @Override
    public void parar() {
        System.out.println("Carro parando...");
    }
}
```

No caso citado anteriormente, a classe "Carro" segue a interface "Automóvel", oferecendo abordagens para as funções "andar()" e "parar()" que foram estabelecidas na interface. Com isso, é possível que objetos do tipo "Carro" sejam manipulados de forma genérica como "Automóvel" em códigos que fazem uso da interface "Automóvel".

Polimorfismo

O polimorfismo é um dos pilares essenciais da programação orientada a objetos, caracterizando-se pela habilidade de objetos pertencentes a classes distintas responderem de forma única a um mesmo método. Por meio do polimorfismo, é possível empregar um único nome de método para denotar comportamentos diversos, variando conforme o tipo de objeto ao qual se está fazendo referência.

Há duas formas específicas de polimorfismo: polimorfismo de subtipos (também conhecido como polimorfismo de inclusão e de substituição) e polimorfismo de sobrecarga.

O polimorfismo de subtipos acontece quando uma subclasse é utilizada no lugar de sua superclasse. Essa característica permite que um objeto pertencente a uma classe derivada seja associado a uma variável de referência da classe base e, consequentemente, possibilita chamar os métodos dessa classe de base, assim como métodos que foram reescritos pela classe derivada. O princípio desse polimorfismo é essencial para possibilitar a troca de objetos sem que o programa cliente precise ter conhecimento sobre o tipo exato do objeto. Sua conquista se dá por meio da hereditariedade e da substituição de métodos.

Polimorfismo de sobrecarga é um conceito que permite a declaração de vários métodos com o mesmo nome, mas com parâmetros diferentes. Isso possibilita a realização de diferentes operações com base nos tipos de dados e na quantidade de parâmetros passados para cada método. Esse polimorfismo acontece quando uma categoria possui múltiplas funções com o nome idêntico, porém com argumentos distintos. Essa característica garante que funções que possuam o mesmo título realizem ações distintas, dependendo dos tipos e da quantidade de argumentos que recebem. A sobrecarga de polimorfismo é tratada durante a compilação, levando em consideração a assinatura dos métodos (denominação do método e conjunto de parâmetros).

Vantagens do polimorfismo:

Maleabilidade: propicia a criação de código de forma mais abrangente e maleável, uma vez que ele pode ser desenvolvido para funcionar com objetos de classes primárias sem necessitar do conhecimento dos tipos exatos das classes secundárias.

Reutilização: permite a definição de métodos comuns na classe principal e, posteriormente, sua substituição ou extensão em classes secundárias, evitando repetições de código.

Manutenção do código: simplifica a manutenção do sistema, dado que facilita a inclusão de novas classes especializadas que podem ampliar ou modificar as funcionalidades já existentes.

Tratamento de erros e exceções

O manejo de falhas e situações inesperadas é uma prática essencial na codificação que possibilita lidar com circunstâncias atípicas e imprevistas que podem surgir durante a operação de um sistema. Abordaremos, a seguir, os principais conceitos envolvendo o tratamento de falhas e situações inesperadas.

Falha *versus* exceção:

Erro diz respeito a questões que surgem durante a operação de um software e normalmente possuem maior gravidade, levando a uma falha completa no programa. Casos incluem defeitos de estrutura, defeitos de execução (como divisão por zero) e defeitos de significado. Já a exceção diz respeito a situações incomuns que surgem enquanto um programa está em execução, porém podem ser gerenciadas sem interromper abruptamente o seu funcionamento. Essas situações podem ser antecipadas e tratadas de forma apropriada pelo programa.

Try-catch: diversas linguagens de programação, como Java, C#, Python e outras, utilizam blocos try-catch para lidar com exceções. Dentro do bloco try, você deve incluir o trecho de código que pode resultar em uma situação excepcional; dentro do bloco catch, é necessário inserir o código responsável por lidar com a exceção quando ela é gerada. Caso ocorra alguma falha dentro do bloco try, o fluxo do programa será direcionado para o bloco catch apropriado, o que possibilita que o software siga sua execução sem interrupções, mesmo diante de alguma situação excepcional.

Finally: além da estrutura try-catch, diversas linguagens de programação também possuem um bloco chamado finally. A cláusula finally é facultativa e será executada sempre, independentemente de ter ocorrido uma exceção ou não. Geralmente, esse bloco é utilizado para o código que deve ser executado mesmo que ocorra uma exceção, por exemplo, a liberação de recursos (fechamento de arquivos, conexões de banco de dados, etc.).

Disparo de erros: também é possível gerar exceções de forma manual em seu código caso você identifique uma situação fora do comum e deseje comunicar ao código esse ocorrido. Para alcançar esse resultado, é necessário utilizar o termo throw seguido pelo tipo de erro que deve ser gerado. Os erros gerados devem ser capturados por estruturas try-catch que circundam o trecho de código em que eles podem ocorrer.

Diferentes linguagens de codificação apresentam uma estrutura de classes de erro para diversas categorias de falhas. É possível identificar situações específicas para lidar com elas de forma distinta.

Por exemplo: em linguagem Java, é possível usar ArithmeticException para tratar situações de divisão por zero, ou FileNotFoundException para resolver problemas de arquivo inexistente.

Além disso, é possível desenvolver suas próprias classes de exceção personalizadas em diversas linguagens, bastando estender as classes de exceção padrão disponíveis na linguagem escolhida. Isso possibilita estabelecer situações mais particulares para o seu uso e lidar com elas de maneira apropriada.

Integração com chamadas externas

A conexão com a interface de programação de aplicativos (API) externa é fundamental em diversos sistemas atuais, possibilitando a comunicação entre aplicativos e a troca de informações com outros serviços on-line. A seguir, temos as informações sobre o procedimento comum para realizar essa integração.

Para começar, é necessário encontrar a API externa que será integrada. Isso requer entender o manual da API, suas funcionalidades, formas de autenticação e possíveis restrições ou necessidades específicas.

Diversas APIs necessitam de um processo de autenticação para permitir o acesso aos seus recursos. Existem várias formas de autenticação, como tokens, chaves de API, OAuth, entre outras. É importante assegurar que a sua aplicação esteja devidamente configurada para autenticar de forma correta todas as requisições feitas para a API externa.

Diversas ferramentas e bibliotecas estão acessíveis para auxiliar na conexão com APIs externas em várias linguagens de programação. Por exemplo, em Python, é possível utilizar bibliotecas como Requests e urllib ou frameworks como Flask e Django. Para outras linguagens, também há alternativas similares disponíveis.

Após localizar a API e realizar a configuração da autenticação, você está pronto para iniciar o envio de requisições aos endpoints apropriados da API externa. Esse procedimento é comumente realizado por meio dos protocolos HTTP ou HTTPS, e as requisições podem variar entre GET, POST, PUT, DELETE, entre outros, de acordo com a ação que você pretende executar.

Após realizar um pedido, será obtida uma resposta da API de terceiros. É essencial realizar o correto processamento dessa resposta, verificando possíveis falhas, analisando as informações retornadas e realizando as devidas manipulações em sua aplicação, conforme necessário.

Quando se trabalha com APIs de terceiros, é essencial ter a habilidade de lidar com erros e exceções de maneira apropriada. Isso implica lidar com possíveis falhas na rede, problemas de autenticação, erros de validação de dados e outras questões que podem surgir durante a integração.

Após realizar a conexão com a API de terceiros, é crucial acompanhar seu desempenho e garantir a atualização da integração de acordo com as necessidades. Isso inclui a análise de métricas de desempenho, como tempo de resposta da API, e a atualização do código para se adaptar a possíveis alterações na API externa.

Garanta a segurança da integração com a API externa prevenindo possíveis vulnerabilidades, como manipulação de SQL, ataques de CSRF (falsificação de solicitação entre sites) e exposição de informações confidenciais.

É válido lembrar que cada API possui particularidades únicas e requisitos específicos, por isso, é essencial consultar a documentação da API que está sendo incorporada e seguir os procedimentos recomendados para assegurar uma integração eficaz.

Dados externos

Ao trabalhar com uma API de terceiros, é primordial ter conhecimento sobre os formatos de dados disponibilizados e a maneira como esses dados são organizados. Pensando nisso, apresentaremos algumas informações acerca dos dados externos de uma API.

- Estrutura dos dados: as informações recebidas de uma API podem ser apresentadas em variados formatos, com os mais populares sendo o JSON (JavaScript Object Notation) e o XML (eXtensible Markup Language). O JSON é muito utilizado pela sua simplicidade e facilidade de leitura, enquanto o XML é mais organizado e pode ser a escolha ideal em determinados cenários. Adicionalmente, algumas APIs disponibilizam dados em outras estruturas, como CSV (Comma-Separated Values) ou YAML (YAML Ain't Markup Language).

- Formato dos dados: os dados provenientes de uma API costumam apresentar um formato hierárquico, contendo variados campos e valores dispostos em objetos ou arrays. É crucial compreender a disposição dos dados a fim de conseguir acessar as informações pertinentes de maneira correta. Em geral, isso requer a exploração dos objetos e arrays utilizando chaves e índices.

- Formatos de informação: as informações obtidas por meio de uma API podem apresentar uma diversidade de formatos, tais como textos, valores numéricos, valores booleanos, estruturas de dados e conjuntos de elementos. É fundamental ter conhecimento dos formatos de informação com os quais você está trabalhando, a fim de assegurar que sejam tratados adequadamente e com segurança em seu projeto.

- Informações extras: junto com as informações principais, uma API também pode disponibilizar dados adicionais, como detalhes sobre a divisão de páginas, links relevantes, horários de registro e códigos de confirmação. Essas informações extras são importantes para auxiliar na busca e utilização dos dados que são recebidos pela API.

- Restrições e limitações: várias APIs de terceiros estabelecem restrições ou limites no volume de requisições que podem ser feitas dentro de um intervalo de tempo específico. É essencial ter ciência dessas restrições ao desenvolver sua aplicação e adotar medidas para gerenciá-las, como o uso de cache de dados ou requisições condicionais.

- Revisões e modificações nos dados: as informações provenientes de uma API externa podem passar por atualizações frequentes e estar sujeitas a mudanças ao longo do tempo. É fundamental acompanhar a documentação da API e estar pronto para lidar com quaisquer mudanças nos dados ou na organização da API.

Quando se faz a incorporação de uma API de terceiros em seu sistema, é crucial possuir um conhecimento detalhado sobre as informações disponibilizadas e a maneira correta de acessá-las. Dessa forma, é possível garantir uma integração sem problemas e tirar o máximo proveito dos benefícios oferecidos pela API.

Tratamento de dados

O processamento de informações de uma API passa por diversos procedimentos com o intuito de assegurar que as informações sejam analisadas de maneira correta e aproveitadas de forma eficiente em seu sistema. Aqui estão algumas técnicas habituais de processamento de dados ao lidar com uma API:

- Verificação de dados: antes de realizar qualquer requisição para a API, é essencial validar todas as informações de entrada que serão utilizadas nas solicitações. Isso engloba a verificação dos formatos das informações, a confirmação da presença dos campos obrigatórios e a certeza de que os dados estão dentro das restrições estabelecidas pela API.

- Análise da resposta: quando se recebe uma resposta da API, é essencial analisar os dados obtidos de forma apropriada. Isso envolve a verificação da eficácia da resposta, o tratamento de possíveis erros ou situações excepcionais e a extração das informações pertinentes para serem utilizadas na sua aplicação.

- Análise de dados: conforme a estrutura dos dados recebidos da API (JSON, XML, etc.), pode ser necessário realizar a análise dos dados para obter as informações necessárias. Diversas linguagens de programação contam com bibliotecas que auxiliam nessa análise de diferentes formatos de dados.

- Alteração de informações: em determinadas situações, pode ser preciso modificar as informações provenientes da API para que estejam de acordo com o padrão ou organização desejada em seu sistema. Isso pode envolver a necessidade de modificar nomes de campos, alterar tipos de dados ou realizar outras operações nos dados.

- Manejo de falhas: quando se trata de requisições de API, é crucial estar pronto para lidar com eventuais falhas que possam surgir. Isso pode abranger problemas de conexão de rede, falhas de autenticação, falhas de validação de dados ou falhas específicas da API. É importante adotar medidas de manejo de falhas apropriadas para assegurar que sua aplicação consiga lidar com tais situações de forma sólida e resistente.

- Tratamento de situações excepcionais: para além de lidar com falhas específicas da API, é fundamental estar pronto para situações inesperadas que possam surgir durante o processamento de informações. Isso engloba situações de erro durante a execução, problemas na interpretação de dados ou qualquer outra ocorrência imprevista enquanto sua aplicação está em funcionamento.

- Proteção de informações: quando lidamos com informações de uma fonte externa, é imprescindível assegurar a proteção delas em nossa aplicação. Isso implica criptografar dados sigilosos, evitar a divulgação de informações confidenciais e adotar as medidas recomendadas de segurança de informações para evitar possíveis vulnerabilidades ou ataques.

Quando estiver integrando dados de uma API externa em seu trabalho, é primordial levar em conta esses pontos para assegurar uma integração fluida e eficiente na sua aplicação. Assim, é possível garantir o correto processamento dos dados e a segurança e confiabilidade do funcionamento da sua aplicação.

Métodos GET e POST

O HTTP GET e o POST são dois dos métodos mais frequentemente utilizados para acessar informações em uma API. Veja a seguir uma descrição detalhada de cada um deles.

Método GET:

Objetivo: o protocolo GET é utilizado para requisitar informações de um determinado recurso ou realizar buscas em uma API. Ele é empregado quando se deseja obter dados de um recurso sem efetuar alterações no servidor.

Principais atributos: as diretrizes são incluídas no endereço da solicitação. É seguro e possui a propriedade de idempotência, o que indica que várias solicitações GET para um recurso específico devem produzir o mesmo resultado e não devem gerar efeitos secundários no servidor. Geralmente, é utilizado para obter informações ou realizar consultas.

SUGESTÃO

Informe-se e estude a respeito de banco de dados: você precisa entender como armazenar e manipular dados de forma eficiente. SQL é a linguagem de consulta padrão e é fundamental para trabalhar com bancos de dados relacionais. Além disso, é interessante conhecer bancos de dados NoSQL para casos específicos.

Exemplo de requisição GET:

```
GET /api/usuarios/48 HTTP/1.1
Host: exemplo.com.br
```

Exemplo de resposta:

```
HTTP/1.1 200 OK
Content-Type: application/json

{
  "id": 48,
  "nome": "Luciano Custódio",
  "email": "luciano@exemplo.com.br"
}
```

Método POST:

Objetivo: o método POST é empregado para transmitir informações ao servidor com o intuito de criar ou modificar recursos. É utilizado quando se faz necessário enviar dados, tal como formulários, ao servidor e aguardar uma resposta que resulte em uma alteração no estado do servidor.

Principais atributos: as informações são incluídas no corpo do pedido. Não é idempotente, ou seja, uma solicitação POST pode levar a estados diferentes no servidor. Geralmente é usado para criar, atualizar ou enviar informações para o servidor.

Demonstração de requisição POST:

```
POST /api/usuarios HTTP/1.1
Host: exemplo.com.br
Content-Type: application/json

{
  "nome": "Luciano Custódio",
  "email": "luciano@exemplo.com.br"
}
```

Exemplo da resposta:

```
HTTP/1.1 201 Created
Content-Type: application/json

{
  "id": 48,
  "nome": "Luciano Custódio",
  "email": "luciano@exemplo.com.br"
}
```

Contrastes entre GET e POST:

Informações na requisição: GET envia informações na URL da requisição, ao passo que o POST envia informações no corpo da requisição.

Proteção: o método POST é mais seguro para transmitir informações delicadas, uma vez que os dados não ficam expostos na URL da requisição.

Idempotência: a operação GET é considerada idempotente, ao passo que o POST não possui essa característica.

Além disso, GET pode ser salvo em cache, mas POST não é recomendado para isso.

Em síntese, a função GET é utilizada para buscar informações, ao passo que a função POST é empregada para transferir informações para o servidor. Cada uma possui suas aplicações particulares e deve ser selecionada de acordo com a finalidade da operação em questão.

Processamento de dados e retorno de informações

A manipulação de informações e a resposta de dados em uma API são fatores cruciais para assegurar uma integração eficiente e uma experiência satisfatória para os clientes finais. A seguir, traremos algumas informações sobre como essa questão costuma ser abordada.

Antes de realizar qualquer operação com as informações obtidas em uma requisição à API, é imprescindível checar se os dados de entrada estão precisos e íntegros. Esse processo engloba a verificação de formato dos dados, limites de caracteres e quaisquer outras restrições particulares do sistema.

Após a validação, temos a execução de solicitação: as informações da solicitação são manipuladas conforme as regras de negócio estabelecidas pelo software. Isso inclui a realização de operações de criação, leitura, atualização ou exclusão (CRUD) no banco de dados, a realização de cálculos e demais manipulações de dados necessárias para atender à requisição.

Enquanto os dados estão sendo processados, passamos para o manejo de falhas, pois é fundamental estar pronto para lidar com possíveis falhas ou situações excepcionais que possam surgir. Essas situações podem abranger falhas de validação, na lógica de negócios ou quaisquer outras questões que possam surgir durante o processamento dos dados. É essencial disponibilizar mensagens de erro precisas e informativas para auxiliar os usuários na resolução de problemas.

Durante o processamento de informações em uma API, é primordial também assegurar a proteção dessas informações. Isso envolve a criptografia de dados sigilosos, a prevenção de vulnerabilidades como SQL injection ou XSS (Cross-Site Scripting) e a certificação de que somente indivíduos autorizados possam acessar as informações pertinentes.

Depois de analisar os dados da requisição, a API disponibiliza as informações resultantes em um formato designado, como JSON, XML, HTML, entre outros. É importante que o formato de resposta esteja detalhado na documentação da API e seja simples de compreender e utilizar pelos usuários.

Juntamente com as informações recebidas, a API também transmite um código de status da HTTP para mostrar o desfecho da requisição. Códigos de status usuais são "200 OK" para solicitações concluídas com êxito, "400 Bad Request" para solicitações contendo dados inválidos, e "500 Internal Server Error" para falhas internas do servidor.

Além das informações em si, a API também pode fornecer metadados extras na resposta, como marcas de tempo, links pertinentes, detalhes de paginação, entre outros. Essas informações adicionais podem auxiliar os usuários da API a acessar e compreender melhor os dados recebidos.

É fundamental disponibilizar uma documentação completa acerca da arquitetura e da formatação das respostas da API, incluindo exemplos práticos de utilização. Dessa forma, é possível auxiliar os programadores na correta utilização da API e na interpretação eficiente dos dados recebidos.

De maneira resumida, a validação e o processamento de informações em uma interface de programação de aplicativos (API) incluem a verificação e interpretação dos dados recebidos, o fornecimento de respostas precisas e relevantes e a garantia da proteção e da confiabilidade das informações manipuladas pela API. Um planejamento detalhado e uma execução consistente são essenciais para uma integração eficiente e uma experiência satisfatória para o usuário.

Chamadas assíncronas – tratamento de dados

Comunicações assíncronas em interfaces de programação de aplicativos são cruciais ao lidar com tarefas que podem demandar tempo para serem finalizadas ou que não interrompem o andamento principal do código. Aqui vai uma explicação detalhada sobre o processo de tratamento dessas solicitações e suas respectivas respostas.

Tratamento de chamadas assíncronas:

- Marcação da chamada: no momento em que uma chamada assíncrona é ativada, a solicitação é agendada para ser realizada em segundo plano. Essa ação pode ser feita por meio de estratégias como agendamento de eventos, threads ou chamadas específicas do sistema operacional.

- Funcionamento em segundo plano: a solicitação assíncrona é realizada em um ambiente distinto do fluxo principal da aplicação. Isso viabiliza a continuidade das demais atividades do programa enquanto espera-se o término da solicitação assíncrona.

- Acompanhamento do processo: enquanto a chamada assíncrona estiver em andamento, pode ser necessário acompanhar o avanço da tarefa para dar retorno ao usuário ou tomar decisões com base no progresso. Isso pode ser realizado por meio de eventos, atualizações na interface do usuário ou verificando o estado da operação em momentos específicos.

- Tratamento de falhas: tal como nas chamadas assíncronas, é fundamental estar pronto para lidar com falhas que possam surgir durante a execução da chamada síncrona. Isso pode englobar falhas de conexão, falhas de autenticação, problemas com a validação dos dados e assim por diante. As falhas precisam ser abordadas de maneira apropriada para assegurar a integridade e a proteção do sistema.

Respostas de chamadas assíncronas:

Ao finalizar a chamada assíncrona, é importante que o sistema avise o programa principal, para que ele possa lidar com o resultado da operação. Isso pode ser realizado por meio da emissão de eventos, execução de callbacks ou indicação de que a operação foi concluída.

- Recepção da resposta: ao ser notificado sobre a finalização, o software principal tem a possibilidade de adquirir o resultado da operação que foi realizada de forma assíncrona. Isso engloba não só os dados que foram retornados pela chamada assíncrona, mas também informações de status e quaisquer outros resultados que sejam pertinentes.

- Tratando o retorno: o desfecho da ação assíncrona precisa ser gerenciado de maneira correta pelo software principal. Isso inclui a análise dos dados recebidos, a atualização da interface do usuário, a realização de tarefas extras, conforme necessário, e outras atividades relevantes.

- Retorno para o usuário: por último, é essencial dar um retorno para o usuário sobre o desfecho da tarefa assíncrona. Isso pode envolver mostrar mensagens de êxito ou falha, atualizar elementos da interface do usuário pertinentes ou enviar avisos para manter o usuário informado sobre o andamento da tarefa.

Segurança

Proteger informações confidenciais, evitar invasões e manter a integridade do sistema são aspectos fundamentais ao tratar da segurança em APIs. A seguir, listamos alguns pontos essenciais a se levar em conta nesse contexto.

Autenticação e autorização:

- Confirmação de identidade: certifique-se de que somente indivíduos permitidos consigam utilizar a API. Essa ação pode ser realizada por meio de técnicas como tokens de autenticação, chaves personalizadas, autenticação baseada em cookies ou autenticação OAuth.

- Validação: para além da identificação dos utilizadores, é crucial estabelecer e implementar diretrizes de validação para determinar quais recursos e ações um utilizador autenticado pode aceder.

Proteção contra ataques:

- Defesa contra ataques de injeção: garanta a segurança contra possíveis ataques de injeção de código, tais como SQL Injection e NoSQL Injection, assegurando a correta validação e escape de todas as entradas fornecidas pelos usuários.

- Ataque de Cross-Site Scripting (XSS): prevenir vulnerabilidades XSS é fundamental, e isso é possível por meio da validação e do escape corretos de todas as informações inseridas pelo usuário e que serão exibidas em páginas web.

- Ataque de Cross-Site Request Forgery (CSRF): adote medidas de segurança contra CSRF por meio de tokens anti-falsificação para validar a fonte de requisições HTTP.

- Ataques de negação de serviço distribuído (DDoS): combata ataques DDoS por meio da utilização de firewalls, controle de solicitações e soluções de mitigação de DDoS.

Criptografia e segurança de dados:

- Utilize a criptografia TLS/SSL para assegurar a segurança da troca de informações entre os usuários e os servidores, garantindo que os dados sejam transferidos de maneira segura pela internet.

- Guarda de informações: guarde informações confidenciais de modo seguro, empregando métodos como criptografia de dados, hashing de senhas e restrição de acesso apropriada às informações guardadas.

- Segurança dos tokens de acesso: garanta a proteção dos tokens de acesso por meio da aplicação de medidas como hash de tokens, definição de tempo de expiração e possibilidade de revogação.

Auditoria e monitoramento:

- Registros de auditoria: é importante manter um registro minucioso de todas as ações realizadas na API, como pedidos, feedback, validações de identidade e permissões, com o intuito de garantir a transparência e o cumprimento das normas estabelecidas.

- Instalação de sistemas de monitoramento de segurança: desenvolva sistemas de vigilância para identificar e reagir a eventuais quebras de segurança instantaneamente.

Boas práticas de desenvolvimento:

- Verificação de dados: analise cada informação inserida pelo usuário, a fim de assegurar que ela esteja em conformidade com os padrões estabelecidos e não ofereça riscos à segurança.

- Princípio da menor concessão: designe aos usuários apenas as autorizações essenciais para executar suas atividades, respeitando o princípio do menor privilégio.

- Atualizações e correções: certifique-se de manter a API e todas as suas partes sempre atualizadas com os patches de segurança mais recentes, a fim de corrigir possíveis vulnerabilidades já identificadas.

Faça avaliações de segurança constantes, como testes de invasão e análise de código estático, com o objetivo de detectar e corrigir possíveis vulnerabilidades antes que sejam aproveitadas por indivíduos mal-intencionados.

Ao adotar tais medidas de segurança em APIs, é viável garantir que as informações e os sistemas se mantenham protegidos e resguardados de possíveis ataques.

Planejamento de testes de funcionalidade

A fase de elaboração dos testes de funcionalidade desempenha um papel fundamental no desenvolvimento de software, assegurando que o resultado final cumpra com as exigências e necessidades do usuário.

Para começar o processo de planejamento de testes de forma eficaz, é fundamental ter um conhecimento completo dos requisitos do sistema, tanto os funcionais quanto os não funcionais. Isso pode incluir revisão de documentos, reuniões com as partes envolvidas e análise dos casos de uso.

Identifique todas as características do sistema que necessitam ser avaliadas. Isso engloba atributos principais, sequências de operações críticas e exemplos de utilização rotineiros.

Dê preferência às funcionalidades levando em consideração a relevância para o usuário e o potencial de risco. Essa abordagem irá auxiliar na definição das funcionalidades que deverão ser testadas inicialmente em situações de limitações de tempo ou recursos disponíveis.

É importante estabelecer critérios de aceitação bem definidos para cada funcionalidade, de modo a determinar quando ela está finalizada e pronta para ser considerada como aprovada nos testes. Esses critérios podem abranger aspectos como resultados esperados, requisitos de aceitação e indicadores de performance. Assim, selecione as estratégias de avaliação adequadas, de acordo com as funcionalidades que serão testadas. Isso pode abranger testes unitários, de integração, de regressão, de aceitação do usuário, entre outros.

Com fundamentação nos requisitos de aprovação e nas metodologias de avaliação selecionadas, elabore casos de teste minuciosos para cada funcionalidade. Esses casos de teste devem abranger todas as situações possíveis, incluindo cenários positivos e negativos.

Organize o cenário de teste adequado, abrangendo a configuração do hardware, software e informações de teste. Garanta que o cenário seja fiel ao ambiente de produção sempre que viável. Em seguida, realize os testes de acordo com o planejamento estabelecido, anotando os resultados e eventuais contratempos ocorridos durante a execução. Garanta a obediência aos protocolos de teste e faça o registro de todas as fases executadas.

Examine os resultados dos testes, a fim de verificar se as funcionalidades estão de acordo com os critérios de aceitação estipulados previamente. Faça o registro de eventuais problemas identificados e avalie a seriedade e consequências no sistema.

É importante também elaborar documentos de testes minuciosos que apresentem, de forma resumida, os resultados obtidos, englobando indicadores de performance, abrangência dos testes e eventuais problemas identificados. Compartilhe as conclusões com a equipe de programadores e demais envolvidos, e comunique as possíveis medidas corretivas que precisam ser adotadas.

Com base nos dados obtidos nos testes, faça ajustes no processo de teste e no software, se necessário, para solucionar quaisquer falhas encontradas. Prossiga aprimorando e aperfeiçoando o plano de teste ao longo de todas as fases do projeto. A utilização de testes automatizados é uma estratégia necessária para otimizar o desempenho e diminuir a necessidade de trabalho manual em tarefas repetitivas ou de grande importância.

Além de realizar testes funcionais, é importante incorporar testes de usabilidade, para assegurar que o software seja de fácil utilização e compreensão pelos usuários finais.

Ao adotar essa estratégia de elaboração de testes de funcionalidades, é possível garantir que o programa seja devidamente avaliado e cumpra com as exigências e necessidades dos usuários finais.

Procedimento de backup

A prática de backup é essencial para assegurar a proteção e a acessibilidade das informações vitais de uma empresa.

Identifique as informações essenciais que necessitam ser salvaguardadas no backup. Isso engloba documentos cruciais, bases de dados, definições de sistema, arquivos de configuração, entre outros.

Opte por uma alternativa de proteção de dados que corresponda aos requisitos da sua empresa. Isso envolve a possibilidade de fazer backup local, backup na nuvem, backup em fita ou uma mistura dessas opções. Analise elementos como espaço de armazenamento, rapidez na recuperação, política de retenção de informações e obrigações legais a serem cumpridas.

Estabeleça um plano de backup para definir a periodicidade das cópias de segurança, os tipos de informações a serem salvos, o local de armazenamento e a duração do armazenamento dos backups. Esse plano precisa ser revisado regularmente e modificado conforme a necessidade.

É interessante também determinar e colocar em prática o processo de cópia de segurança conforme as diretrizes estipuladas. Essa ação pode incluir instalação de um programa de backup, programação do cronograma de cópias de segurança, especificação do local de armazenamento da cópia de segurança e verificação da eficácia do procedimento.

Faça cópias de segurança de forma regular conforme as diretrizes estabelecidas. Isso pode englobar cópias diárias, semanais ou mensais, a depender da frequência de mudanças nos dados e das necessidades de recuperação. De tempos em tempos, é importante checar a confiabilidade dos backups para assegurar que as informações estejam sendo armazenadas corretamente e que possam ser recuperadas quando preciso. É indicado realizar testes de restauração e analisar os registros de backup, a fim de identificar possíveis falhas ou dificuldades.

Guarde as cópias de segurança em um lugar protegido e seguro contra perigos como fogo, roubo, avarias de equipamentos e fenômenos naturais. Para isso, é possível guardá-las em um centro de dados seguro, efetuar backup na nuvem com os dados criptografados, ou armazená-las em dispositivos off-line em outro lugar físico.

Realize verificações periódicas no sistema de backup a fim de assegurar que ele esteja operando de acordo com o previsto e faça correções quando necessário. Isso envolve acompanhar os registros de backup, checar possíveis mensagens de erro e atualizar o software de backup sempre que novas atualizações forem disponibilizadas.

É primordial realizar testes periódicos de recuperação de desastres, a fim de assegurar a eficácia dos backups em situações de falhas de sistema ou eventos catastróficos. Isso inclui a simulação de falhas em hardware, o teste de restauração de backups e o treinamento da equipe de TI em protocolos de recuperação.

Revise regularmente o método de backup para assegurar sua conformidade com as demandas da empresa e os padrões regulatórios. Realize modificações quando for preciso, de acordo com alterações nos sistemas, informações ou riscos de segurança.

Ao seguir esse método de cópia de segurança minucioso, é possível assegurar a proteção e acessibilidade das informações cruciais da empresa, prevenindo possíveis perdas de dados e a interrupção das operações comerciais.

Política de recuperação de dados

A estratégia de gerenciamento de informações é essencial para garantir que uma organização possa recuperar dados perdidos ou corrompidos de maneira eficaz e rápida.

É necessário estabelecer as metas da estratégia de recuperação de dados, tais como redução do tempo de parada e prevenção de perda de informações, e assegurar a conformidade com normas regulamentares. Também devemos definir o escopo da estratégia, abrangendo os tipos de informações a serem resguardados, as origens das informações (servidores, bases de dados, dispositivos de armazenamento, etc.) e as abordagens de recuperação a serem aplicadas.

Além disso, podemos classificar os variados tipos de cópia de segurança a serem executados, tais como cópia de segurança total, cópia de segurança parcial, cópia de segurança diferencial e cópia de segurança contínua. Precisamos, ainda, determinar a periodicidade e o momento de realização de cada categoria de cópia de segurança, considerando as demandas empresariais e a importância dos dados.

Outro ponto importante é a explicação das etapas precisas para realizar backups, como o ajuste do software de backup, o estabelecimento das políticas de retenção de dados e a alocação de recursos para realizar os backups. E há também a implementação de medidas de segurança, para garantir a proteção dos dados de backup contra eventuais acessos não autorizados ou alterações não autorizadas, e a definição dos pontos de arquivamento de cópias de segurança, tais como servidores exclusivos para backup, unidades de armazenamento em rede (NAS), backup na nuvem e dispositivos de armazenamento off-line de cópias de segurança em locais externos. Além, é claro, do estabelecimento de diretrizes para esse armazenamento protegido, tais como criptografia de informações e duplicação de dados.

Como já dissemos, é necessário elaborar e realizar testes periódicos de recuperação de informações, para assegurar a adequada operação dos processos de cópia de segurança, e manter o registro dos resultados dos testes e da análise de métodos de recuperação com base em eventuais questões detectadas.

A definição de responsabilidades bem estabelecidas para a gestão e supervisão dos backups é outro tópico fundamental, pois contempla a execução do software de backup, o acompanhamento de notificações e a solução de eventuais questões.

Ademais, devemos estabelecer permissões para visualização dos dados de backup, restringindo o acesso somente a indivíduos autorizados e assegurando a conformidade com as normas de proteção de dados pessoais. Também é válida a definição de um calendário de manutenção para realizar revisões periódicas da política de recuperação de informações, abrangendo a atualização de processos, análise de novas ferramentas tecnológicas e adaptações conforme as alterações nos sistemas e nas demandas corporativas.

Podemos, ainda, realizar a execução de verificações de conformidade, para garantir que a política de recuperação de informações esteja em conformidade com os requisitos legais e padrões de excelência da área. E é crucial a oferta de capacitação periódica para colaboradores responsáveis pela gestão e execução dos backups, assegurando que estejam inteirados dos processos e diretrizes de recuperação de informações, além do incentivo à compreensão da relevância da política de recuperação de informações em todos os setores da empresa, ressaltando os perigos relacionados à perda de dados e as ações de redução de danos disponíveis.

É fundamental que uma empresa conte com uma estratégia eficaz para recuperar informações de forma segura e eficiente. Isso garante que seus dados estejam protegidos contra qualquer tipo de problema que possa comprometer a segurança, integridade e disponibilidade das operações.

Proteção de dados

Garantir a segurança e a privacidade das informações confidenciais de uma organização é fundamental, sendo a proteção de dados essencial.

Para tanto, é necessário organizar as informações considerando sua sensibilidade e importância e determinando quais são confidenciais, privadas, regulamentadas ou relacionadas à propriedade intelectual. Depois, precisamos estabelecer mecanismos de controle de acesso para assegurar que somente indivíduos autorizados estejam habilitados a visualizar informações confidenciais. Isso envolve a utilização de métodos de autenticação robustos, adoção de políticas de autorização conforme as funções desempenhadas (RBAC), gestão de privilégios e monitoramento constante das atividades de acesso.

Também é primordial proteger informações sigilosas enquanto estão sendo armazenadas e transmitidas, para evitar que sejam acessadas por pessoas não autorizadas, o que envolve o emprego de algoritmos de criptografia seguros e reconhecidos, como AES (advanced encryption standard) e TLS (transport layer security).

Desenvolver estratégias de backup e restauração de informações é essencial para assegurar a recuperação dos dados em situações de perda, corrupção ou remoção não intencional. Dentre as práticas recomendadas, destacam-se a execução periódica de backups, a guarda segura dos dados de backup e a realização de testes de recuperação em cenários de desastre.

É importante desenvolver mecanismos de vigilância de segurança para identificar e agir diante de ações suspeitas ou maliciosas que possam sinalizar uma possível falha de segurança em curso. Isso pode abranger a análise de registros, identificação de invasões e avaliação do comportamento dos usuários. Além disso, devemos criar estratégias de proteção de endpoint, firewalls, antivírus e antimalware, com o objetivo de prevenir ameaças virtuais, incluindo ransomwares, phishing e ataques de negação de serviço (DDoS).

Ademais, é crucial promover periodicamente treinamentos de conscientização em segurança para os colaboradores, enfatizando as principais diretrizes para proteção de informações, normas de segurança e os possíveis problemas decorrentes da negligência no manuseio de dados. Também é preciso assegurar a adesão aos requisitos legais de proteção de informações, como GDPR, LGPD e PCI DSS, o que engloba a adoção de procedimentos de segurança particulares e o registro de conformidade.

É interessante, ainda, criar diretrizes de preservação de informações para estabelecer o tempo de armazenamento e a maneira correta de eliminar os dados de maneira segura, quando não forem mais úteis. Além disso, devemos fazer análises de segurança frequentes e avaliações de conformidade, para verificar a efetividade das estratégias de proteção de informações e encontrar oportunidades de aprimoramento.

Adotar estas iniciativas de segurança de informações irá contribuir para resguardar as informações sigilosas da empresa contra qualquer acesso não autorizado, manipulação, extravio e furto, assegurando a confidencialidade, integridade e disponibilidade dos dados constantemente.

ARREMATANDO AS IDEIAS

Com o avanço da Internet das Coisas (IoT) e a necessidade de lidar com grandes volumes de dados, os desafios futuros em tecnologias de back-end incluem a escalabilidade, para lidar com o aumento do tráfego de informações, a segurança de dados em ambientes distribuídos e a integração de sistemas legados com novas tecnologias. Além disso, a tendência para o futuro é a adoção de arquiteturas de microsserviços e o uso de computação em nuvem para maior flexibilidade e eficiência. A inteligência artificial e a automação também devem desempenhar um papel importante nesse contexto, exigindo abordagens inovadoras no desenvolvimento de back-end para atender a essas demandas em constante evolução.

CAPÍTULO 4

Arquitetura orientada a serviço (SOA)

Você já se perguntou por que tantas empresas lutam para integrar seus sistemas de maneira eficaz? Já pensou por que, mesmo com avanços tecnológicos, ainda encontramos obstáculos para compartilhar dados entre diferentes departamentos ou sistemas? E se houvesse uma abordagem que pudesse transformar essa fragmentação em harmonia, permitindo uma colaboração fluida e eficiente entre todos os componentes de uma organização?

Imagine um cenário em que cada aplicativo em sua empresa pudesse se comunicar livremente com os outros, independentemente de suas tecnologias subjacentes ou locais físicos. Visualize um ambiente no qual a reutilização de serviços de software não apenas reduz os custos de desenvolvimento, mas também acelera a entrega de novas soluções para atender às demandas do mercado. Parece promissor? Essa é a proposta da arquitetura orientada a serviço (service oriented architecture – SOA).

Neste capítulo, exploraremos não apenas os fundamentos da arquitetura orientada a serviço (service oriented architecture – SOA), mas também os desafios e armadilhas que as empresas enfrentam ao adotá-lo. Assim, antes de mergulharmos nesse reino de possibilidades, devemos confrontar uma realidade muitas vezes negligenciada: a implementação inadequada da SOA. Quantas organizações já investiram em iniciativas SOA apenas para se verem atoladas em complexidade desnecessária ou, pior ainda, sem colher os benefícios prometidos?

Vamos também questionar preconceitos, desafiar conceitos arraigados e preparar o terreno para uma jornada de descoberta e aplicação prática da SOA. Está pronto para desvendar os mistérios e desafios deste paradigma arquitetônico? Vamos começar.

OBJETIVOS E BENEFÍCIOS

A SOA é um paradigma de desenvolvimento de software que se baseia na ideia de organizar funcionalidades em serviços independentes e interoperáveis. Em vez de construir monólitos de software complexos, a SOA propõe a criação de serviços independentes que podem ser distribuídos pela rede e combinados para criar aplicativos mais complexos. Um dos principais especialistas dentro deste ramo da arquitetura de software é o canadense Thomas Erl; ele desenvolveu uma notação para a representação de serviços que se trata de um estilo arquitetônico que utiliza serviços como componentes fundamentais para desenvolver aplicações (Erl, 2016).

A SOA envolve a criação, implementação e utilização de serviços. Ela usa alguns conceitos fundamentais relacionados à programação orientada a serviços, como sistemas de pagamentos on-line, cadastro de funcionários, rastreamento de pedidos, registro de pacientes, catálogo de produtos e várias solicitações de serviços, podendo ser gratuitos e ter algum valor para utilização. A SOA é uma ferramenta poderosa para o desenvolvimento de software, oferecendo diversos benefícios. Sua aplicação pode variar de acordo com a indústria, o comércio e as necessidades de cada negócio.

CAPACIDADE DE REÚSO, AUTONOMIA E INDEPENDÊNCIA DE ESTADO

A SOA permite que funcionalidades encapsuladas como serviços sejam facilmente reutilizadas em diferentes aplicações e contextos. Isso leva ao aumento da produtividade e evita a duplicação de código e esforços de desenvolvimento, acelerando a entrega de novos projetos e diminuindo o tempo e os recursos necessários para criar e manter aplicações, o que auxilia na padronização e no reúso de boas práticas para aumentar a confiabilidade e a robustez das soluções.

Para garantir a capacidade de reúso, é importante definir interfaces claras, pois as interfaces dos serviços devem ser bem definidas e documentadas, além de facilmente utilizadas por diferentes aplicações.

Os formatos de dados utilizados pelos serviços devem ser padronizados, para facilitar a interoperabilidade entre diferentes sistemas, e é importante escolher tecnologias que facilitem o reúso de serviços, como APIs RESTful e protocolos de comunicação leves, que veremos mais para frente.

A autonomia dos serviços significa que eles não dependem de outros serviços para funcionar. Isso permite que os serviços sejam facilmente integrados em diferentes ambientes e aplicações, sem necessidade de modificações complexas. Para garantir a autonomia, é importante que a lógica de cada serviço seja encapsulada e não acessível por outros serviços.

Além disso, as interfaces dos serviços devem ser bem definidas e documentadas, para que possam ser facilmente integradas em diferentes ambientes. Assim, é necessário usar tecnologias adequadas e que facilitem a autonomia dos serviços, como containers e microsserviços.

O que podemos dizer sobre containers é: cada serviço SOA pode ser executado em seu próprio container, garantindo um ambiente isolado e seguro. Isso protege os serviços contra falhas e instabilidades uns dos outros, aumentando a confiabilidade e robustez da arquitetura como um todo. Containers facilitam a migração de serviços entre diferentes ambientes, como desenvolvimento, teste e produção. Essa flexibilidade agiliza o processo de desenvolvimento e garante deployments rápidos e seguros, além de reduzir o tempo de lançamento de novas funcionalidades.

A adoção de containers na implementação de SOA é uma escolha estratégica que oferece diversos benefícios para o desenvolvimento e operação de sistemas. O isolamento garante confiabilidade, a portabilidade agiliza o desenvolvimento, a escalabilidade permite atender às demandas crescentes do negócio e a eficiência de recursos otimiza os custos.

Por sua vez, os microsserviços são uma técnica de desenvolvimento de software que decompõe aplicações em pequenos serviços independentes. Essa abordagem pode ser aplicada à SOA para criar sistemas mais flexíveis, escaláveis e resilientes. No entanto, é importante considerar os desafios da abordagem, como gerenciamento de complexidade, segurança e testes. A independência de estado significa que os serviços não armazenam nenhum estado interno. A cada nova requisição, o serviço é executado como se fosse a primeira vez, sem levar em consideração o estado anterior. Essa característica garante que os serviços sejam escaláveis e resilientes a falhas. Para garantir essa independência, é essencial evitar o armazenamento de estado, isto é, os serviços devem evitar armazenar qualquer estado interno.

As transações devem ser utilizadas para garantir a consistência dos dados em caso de falhas. Assim, é de grande importância escolher as tecnologias que facilitem a independência de estado dos serviços, como bancos de dados não relacionados (NoSQL) e APIs RESTful.

A capacidade de reúso, autonomia e independência de estado são características fundamentais da SOA. Essas características permitem que os serviços sejam facilmente integrados em diferentes ambientes e aplicações, proporcionando diversos benefícios para as empresas. Desse modo, a SOA pode ser utilizada para integrar sistemas legados diferentes, criando uma visão unificada dos dados e das funcionalidades.

A integração de sistemas legados é o processo de conectar e interoperar sistemas diversos de software que foram desenvolvidos em diferentes plataformas, linguagens de programação e tecnologias. Essa integração permite que os sistemas compartilhem dados e funcionalidades, criando um ambiente de TI mais coeso e eficiente. Podemos tomar como exemplo o reúso de dois ou mais sistemas em um único relatório, como ter todos os dados do setor de logística em um sistema: ao ser lançado qualquer produto, é necessário que os dados desse setor conversem com o departamento de compras, para que a aquisição aconteça. Porém, os sistemas são de dois fornecedores de software diferentes e não se comunicam entre si, e então é preciso efetuar uma padronização entre eles, com documentação adequada e segurança da integração entre os sistemas legados; o custo da integração de sistemas legados pode ser um processo caro e demorado.

O planejamento e conhecimento das linguagens utilizadas é primordial para que os sistemas se comuniquem e os usuários consigam efetuar o consumo destes dados sem ter que efetuar modificações abruptas no sistema. Assim, é importante o desenvolvimento de aplicações compostas por diferentes serviços, que podem ser facilmente integrados e reutilizados, e a implementação de processos de negócio mais flexíveis e escaláveis.

VERSIONAMENTO

O versionamento em SOA é uma prática fundamental para gerenciar a evolução de serviços ao longo do tempo. Ele permite que as diferentes versões de um determinado serviço possam coexistir e interoperar, garantindo flexibilidade e controle granular sobre as mudanças.

É importante considerar o versionamento ao lidar com serviços web e SOA, especialmente em ambientes em que os serviços evoluem e são atualizados ao longo do tempo. Isso ajuda a garantir a compatibilidade entre diferentes versões de serviços e a facilitar a coexistência de sistemas que podem depender de versões específicas de um serviço. A seguir estão alguns aspectos relacionados ao versionamento.

Recuperação de histórico

A SOA com recuperação de histórico é um modelo de software poderoso que oferece diversos benefícios para empresas e organizações. A escolha e a implementação desse modelo devem considerar as características específicas da aplicação e os recursos disponíveis.

É importante ter a capacidade de recuperar versões anteriores de um serviço, especialmente quando ocorrem atualizações ou mudanças significativas. Isso permite que sistemas dependentes de versões mais antigas continuem a funcionar conforme o esperado.

Manter um histórico de mudanças detalhado para cada versão de um serviço é crucial, pois ajuda no rastreamento de alterações, na compreensão das atualizações realizadas e na solução de problemas que possam surgir devido a alterações específicas. Incluir metadados versionados nos serviços web pode ajudar na identificação rápida da versão atual do serviço e permitir que os clientes saibam quais versões estão disponíveis.

Resolução de conflitos

Um contrato claro e bem definido para o serviço, que inclua informações sobre como os dados são estruturados e como as operações são realizadas, é fundamental para evitar conflitos durante atualizações.

Práticas de versionamento semântico ajudam na comunicação clara sobre as mudanças. Por exemplo, seguir uma abordagem como SemVer (Semantic Versioning) pode indicar visualmente a natureza das mudanças (principais, menores, correções).

Antes de realizar uma atualização de versão em um ambiente de produção, é essencial testá-la exaustivamente em ambientes de desenvolvimento e teste para identificar e resolver conflitos potenciais. Além disso, em vez de interromper abruptamente uma versão antiga, considere uma abordagem de depreciação gradual, permitindo que os consumidores do serviço tenham tempo para migrar para versões mais recentes antes que a versão antiga seja removida. Manter a documentação sempre atualizada é crucial para informar os usuários sobre mudanças, adições ou remoções em diferentes versões do serviço. Ademais, oferecer suporte simultâneo a múltiplas versões de um serviço por um período de transição é uma prática comum para minimizar impactos nos consumidores.

Use ferramentas de controle de versão, como Git, para gerenciar o código-fonte dos serviços. Isso facilita o acompanhamento de mudanças, a criação de ramos para desenvolvimento e a manutenção de diferentes versões.

O versionamento é uma parte crítica da gestão de serviços web em ambientes SOA e visa garantir a interoperabilidade, a evolução controlada e a compatibilidade entre diferentes versões de serviços ao longo do tempo.

RESTFUL

RESTful é um estilo arquitetural que define um conjunto de restrições para criar serviços web. Essas restrições são baseadas nos princípios fundamentais do REST, que foi apresentado por Roy Fielding em sua tese de doutorado, em 2000.

REST, sigla para "representational state transfer", é um estilo de arquitetura para "application programming interfaces" (APIs, ou interfaces de programação de aplicativos) que define um conjunto de princípios para a comunicação entre sistemas distribuídos, utilizado para auxiliar na organização de sistemas como conjuntos de serviços interoperáveis.

As APIs têm como principais benefícios da integração de sistemas: o aumento da produtividade, pois a automatização de tarefas repetitivas libera tempo para que os desenvolvedores se concentrem em atividades mais estratégicas e criativas; e a redução de custo, pois a automatização de processos elimina a necessidade de mão de obra para tarefas repetitivas, diminuindo o custo com desenvolvedores e outros tipos de recursos.

As APIs são como pontes que conectam diferentes sistemas e softwares, permitindo a troca de informações e a realização de tarefas automatizadas. Imagine-as como ferramentas poderosas que abrem um mundo de possibilidades para desenvolvedores e empresas.

A seguir, usaremos alguns exemplos para ilustrar o poder das APIs.

Imagine um aplicativo de entrega de comida que utiliza a API do Google Maps, conforme figura 4.1, para mostrar aos clientes a localização do restaurante e do entregador em tempo real. Essa integração garante uma experiência mais transparente e eficiente para o cliente, que acompanha o andamento do seu pedido com precisão.

Figura 4.1 – Google Maps

Agora, imagine um aplicativo de notícias que utiliza a API do X (antigo Twitter) para coletar postagens em tempo real sobre um determinado evento. Essa integração permite que o aplicativo forneça aos seus usuários informações atualizadas e relevantes sobre o que está acontecendo no mundo.

Podemos também pensar em um aplicativo de jogos que utiliza a API do Facebook para permitir que os jogadores se conectem com seus amigos e comparem seus resultados. Essa integração torna o jogo mais social e divertido, além de incentivar a competitividade entre os jogadores.

Um aplicativo que utiliza muitos serviços e não declara explicitamente seguir a SOA, mas exibe algumas características que indicam a possibilidade de utilizar princípios SOA em sua implantação, pode ser visto como uma composição de serviços independentes que trabalham em conjunto. Como exemplo, podemos citar o serviço de mapeamento, o serviço de reporte de tráfego, o serviço de navegação, o cadastro de usuário de uma plataforma de e-mail e uma análise de consumo de conteúdo por meio de regiões demográficas e dividida por gênero, idade, renda, perfil socioeconômico e preferência de consumo em determinada região. Sempre com interface bem definida, comunicação entre APIs e reúso de serviços.

É importante lembrar que a implantação real de uma arquitetura SOA pode variar muito entre diferentes organizações. O objetivo principal é alcançar os benefícios da SOA, como flexibilidade, escalabilidade e reusabilidade, sem necessariamente seguir um padrão rígido.

Esses são apenas alguns exemplos das diversas aplicações das APIs. Elas podem ser utilizadas para integrar sistemas de diferentes empresas, criar novos aplicativos, automatizar tarefas e muito mais. As possibilidades são infinitas!

RESTful APIs podem ser facilmente integradas em SOAs, pois são leves e flexíveis e fornecem um conjunto de princípios bem definidos para a comunicação entre serviços, o que facilita a integração entre diferentes sistemas, podendo ser usadas para expor serviços SOA a clientes externos, como aplicativos móveis e web.

Conceitos de REST

REST é um estilo arquitetural que utiliza os princípios da web para criar serviços web.

Atua com operações HTTP (hypertext transfer protocol, ou protocolo de transferência de hipertexto) padrão (GET, POST, PUT, DELETE) para realizar operações em recursos identificáveis por URLs. As mensagens geralmente são formatadas em JSON ou XML.

Imagine um mundo em que diferentes sistemas, mesmo de diferentes fornecedores, se comunicam harmoniosamente. Essa é a realidade proporcionada pelo REST, que elimina barreiras e facilita a troca de informações entre diferentes plataformas. Essa interoperabilidade otimiza processos, elimina tarefas repetitivas e aumenta a eficiência geral.

Os RESTs também garantem uma flexibilidade incomparável. Os sistemas podem ser facilmente modificados e estendidos sem a necessidade de grandes intervenções, permitindo adaptações rápidas às necessidades em constante mudança do mercado. Essa flexibilidade é crucial para empresas que desejam se manter competitivas e inovadoras.

A escalabilidade proporcionada pelos RESTs é outro fator transformador. Sistemas podem ser facilmente dimensionados para atender às demandas crescentes, sem comprometer o desempenho ou a segurança. Essa capacidade de expansão garante que as empresas estejam preparadas para o crescimento futuro, sem necessidade de investimentos dispendiosos em infraestrutura.

O reúso de serviços é mais um benefício fundamental dos RESTs. Serviços que já foram desenvolvidos e testados podem ser facilmente integrados em diferentes aplicações, evitando retrabalho e otimizando o tempo e os recursos das empresas. Essa capacidade de reúso impulsiona a agilidade e a eficiência no desenvolvimento de software.

Em suma, os RESTs são ferramentas poderosas que podem transformar a maneira como as empresas operam e como os desenvolvedores criam software. As vantagens de interoperabilidade, flexibilidade, escalabilidade e reúso proporcionam benefícios tangíveis, como aumento da produtividade, redução de custos, maior competitividade e aceleração da inovação.

Tipos de requisições (POST, GET, DELETE, PUT e PATCH)

O REST utiliza os métodos HTTP para operações CRUD (create, read, update, delete) em recursos:

GET: utilizado para recuperar um recurso existente do servidor. Isso significa que o cliente solicita informações sobre um recurso e o servidor responde com os dados desse recurso, geralmente no formato especificado pela requisição (como JSON, XML, HTML, etc.).

A figura 4.2 mostra um exemplo de utilização do recurso GET em um servidor IoT (internet das coisas) ThingSpeak, que é utilizado para receber, armazenar e enviar dados de dispositivos IoT.

Figura 4.2 – Exemplo de utilização GET

```
82    // Enviar os dados para o ThingSpeak
83    client.print(String("GET ") + url + " HTTP/1.1\r\n" +
84                 "Host: " + thingSpeakAddress + "\r\n" +
85                 "Connection: close\r\n\r\n");
86    delay(1000); // Esperar a resposta do servidor
```

client.print(): este método envia dados para o cliente TCP ou Serial, dependendo do contexto em que está sendo usado. Presumivelmente, client é um objeto que representa uma conexão com um servidor, como uma instância de WiFiClient em um contexto de conexão WiFi.

String("GET ") + url + " HTTP/1.1\r\n": aqui, está sendo construída a linha de solicitação HTTP GET. A url é uma variável que contém o caminho do recurso que está sendo solicitado no servidor ThingSpeak. O método String() é usado para converter outras variáveis em strings. Essa linha basicamente informa ao servidor que estamos fazendo uma solicitação GET para um determinado recurso.

"Host: " + thingSpeakAddress + "\r\n": este é um cabeçalho HTTP que especifica o nome do host do servidor. A thingSpeakAddress é uma variável que contém o endereço do servidor ThingSpeak. Esse cabeçalho é necessário em solicitações HTTP 1.1.

"Connection: close\r\n\r\n": este é outro cabeçalho HTTP que indica que a conexão deve ser fechada após a resposta do servidor. Após enviar esses cabeçalhos, a solicitação GET está completa e estamos prontos para enviá-la ao servidor.

delay(1000): após enviar a solicitação, é comum adicionar um pequeno atraso antes de esperar pela resposta do servidor. Esse atraso de 1 segundo (1000 milissegundos) permite que o servidor tenha tempo para processar a solicitação e enviar uma resposta de volta, garantindo que essa resposta não seja perdida.

No geral, esse código está enviando uma solicitação GET para o servidor ThingSpeak, esperando uma resposta e realizando alguma ação com base nessa resposta, como processamento dos dados enviados ou exibição de informações.

POST: utilizado para criar um recurso no servidor. O cliente envia os dados necessários para criar o recurso no servidor por meio de uma requisição POST e o servidor processa esses dados e cria um recurso, conforme mostrado na figura 4.3.

Figura 4.3 – Função enviar dados para ThingSpeak usando requisição POST

```
90   // Função para enviar dados para o ThingSpeak usando uma requisição POST
91   void enviarDados(float temperatura, int umidade) {
92     if (client.connect(server, 80)) { // Conecta ao servidor ThingSpeak na porta 80
93       String postStr = apiKey;
94       postStr += "&field1=";
95       postStr += String(temperatura); // Adiciona a temperatura ao payload da requisição
96       postStr += "&field2=";
97       postStr += String(umidade); // Adiciona a umidade ao payload da requisição
98       postStr += "\r\n\r\n";
99
100      // Envia a requisição POST HTTP para o servidor ThingSpeak
101      client.print("POST /update HTTP/1.1\n");
102      client.print("Host: api.thingspeak.com\n");
103      client.print("Connection: close\n");
104      client.print("X-THINGSPEAKAPIKEY: " + apiKey + "\n");
105      client.print("Content-Type: application/x-www-form-urlencoded\n");
106      client.print("Content-Length: ");
107      client.print(postStr.length());
108      client.print("\n\n");
109      client.print(postStr);
110
111      Serial.println("Dados enviados para o ThingSpeak:");
112      Serial.println("Temperatura: " + String(temperatura));
113      Serial.println("Umidade: " + String(umidade));
114    }
115
116    client.stop(); // Fecha a conexão com o servidor
117  }
```

Podemos enviar dados facilmente para um serviço com uma simples requisição POST, encaminhando, assim, informações valiosas para o seu canal do ThingSpeak. Também é possível executar um serviço de monitoramento, análise e compartilhamento de dados com o mundo de forma rápida e eficiente, conforme demonstrado na figura 4.4.

Figura 4.4 – Função enviar dados para ThingSpeak usando uma requisição POST

```
90   // Função para enviar dados para o ThingSpeak usando uma requisição POST
91   void enviarDados(float temperatura, int umidade) {
92     if (client.connect(server, 80)) { // Conecta ao servidor ThingSpeak na porta 80
93       String postStr = apiKey;
94       postStr += "&field1=";
95       postStr += String(temperatura); // Adiciona a temperatura ao payload da requisição
96       postStr += "&field2=";
97       postStr += String(umidade); // Adiciona a umidade ao payload da requisição
98       postStr += "\r\n\r\n";
```

A seguir, explicaremos cada função de POST.

```
void enviarDados(float temperatura, int umidade) {
```

Esta linha define a função enviarDados, que recebe dois parâmetros: temperatura (do tipo float) e umidade (do tipo int). Essa função é responsável por enviar os dados para o ThingSpeak usando uma requisição POST.

```
if (client.connect(server, 80)) { // Conecta ao servidor
ThingSpeak na porta 80
```

Aqui é feita uma tentativa de conexão com o servidor ThingSpeak na porta 80 (porta padrão para comunicação HTTP). O if verifica se a conexão foi estabelecida com sucesso. Se a conexão for bem-sucedida, o bloco de código dentro do if será executado.

```
String postStr = apiKey;
```

Uma variável postStr do tipo String é criada e inicializada com o valor da chave de API do ThingSpeak.

```
postStr += "&field1=";
```

É adicionada à string postStr a string &field1=, indicando o começo da definição do primeiro campo no payload da requisição HTTP.

```
postStr += String(temperatura); // Adiciona a temperatura
ao payload da requisição
```

O valor da temperatura é convertido para uma string e adicionado à string postStr. Isso é parte da construção do payload da requisição POST.

```
postStr += "&field2=";
```

É adicionada à string postStr a string &field2=, indicando o começo da definição do segundo campo no payload da requisição HTTP.

```
postStr += String(umidade); // Adiciona a umidade ao
payload da requisição
```

O valor da umidade é convertido para uma string e adicionado à string postStr. Isso completa a construção do payload da requisição POST.

```
postStr += "\r\n\r\n";
```

Duas quebras de linha (\r\n) são adicionadas ao final da string postStr. Isso finaliza o payload da requisição POST.

Esse código constrói o payload da requisição POST com a chave de API do ThingSpeak, a temperatura e a umidade, e então tenta estabelecer uma conexão com o servidor ThingSpeak. Se a conexão for bem-sucedida, o payload da requisição POST é enviado ao servidor, contendo os dados da temperatura e umidade.

Figura 4.5 – Envia requisição POST HTTP para servidos ThingSpeak

```
100    // Envia a requisição POST HTTP para o servidor ThingSpeak
101    client.print("POST /update HTTP/1.1\n");
102    client.print("Host: api.thingspeak.com\n");
103    client.print("Connection: close\n");
104    client.print("X-THINGSPEAKAPIKEY: " + apiKey + "\n");
105    client.print("Content-Type: application/x-www-form-urlencoded\n");
106    client.print("Content-Length: ");
107    client.print(postStr.length());
108    client.print("\n\n");
109    client.print(postStr);
110
```

Logo a seguir, temos a explicação linha a linha dos códigos utilizados para requisição de POST HTTP utilizado para serviço – neste caso, o servidor ThingSpeak, conforme a figura 4.5.

```
client.print("POST /update HTTP/1.1\n");
```

Esta linha envia o cabeçalho HTTP, indicando que estamos fazendo uma requisição POST para o recurso/update no servidor ThingSpeak. A versão do protocolo HTTP utilizada é a 1.1.

```
client.print("Host: api.thingspeak.com\n");
```

Aqui é enviado o cabeçalho Host, indicando o host do servidor ThingSpeak para o qual a requisição está sendo enviada.

```
client.print("Connection: close\n");
```

Este cabeçalho indica que a conexão com o servidor será fechada após o término da requisição.

```
client.print("X-THINGSPEAKAPIKEY: " + apiKey + "\n");
```

O cabeçalho X-THINGSPEAKAPIKEY é utilizado para enviar a chave de API do ThingSpeak, permitindo a autenticação e autorização para atualizar o canal.

```
client.print("Content-Type: application/x-www-form-urlencoded\n");
```

Este cabeçalho especifica o tipo de conteúdo do corpo da requisição. Neste caso, estamos utilizando o tipo application/x-www-form-urlencoded, que é comum para o envio de dados de formulário.

```
client.print("Content-Length: ");
client.print(postStr.length());
client.print("\n\n");
```

O cabeçalho Content-Length indica o tamanho do corpo da requisição em bytes. Aqui, estamos calculando o tamanho da string postStr, que contém os dados a serem enviados para o servidor ThingSpeak.

```
client.print(postStr);
```

Finalmente, esta linha envia o corpo da requisição, que contém os dados formatados de acordo com o protocolo ThingSpeak.

As linhas de código da figura 4.6 constituem a construção e o envio da requisição POST para o servidor ThingSpeak, incluindo os cabeçalhos necessários e o corpo contendo os dados a serem atualizados no canal.

Figura 4.6 – Mostrando quais dados foram enviados para o serviço ThingSpeak

```
111     Serial.println("Dados enviados para o ThingSpeak:");
112     Serial.println("Temperatura: " + String(temperatura));
113     Serial.println("Umidade: " + String(umidade));
114   }
```

Essa mensagem irá mostrar a temperatura e a umidade que foram enviadas para o ThingSpeak.

```
Serial.println("Dados enviados para o ThingSpeak:");
```

Esta linha imprime uma mensagem indicando que os dados foram enviados com sucesso para o ThingSpeak. A função 'Serial.println()' é utilizada para imprimir uma linha de texto na porta serial do Arduino, que geralmente está conectada ao monitor serial no computador para fins de depuração e visualização de dados.

```
Serial.println("Temperatura: " + String(temperatura));
```

Esta linha imprime o valor da temperatura que foi enviado para o ThingSpeak. String(temperatura) converte o valor da variável temperatura, que é do tipo float, para uma string, e então a concatena com a mensagem "Temperatura: ". Isso permite que o valor da temperatura seja exibido como parte da mensagem.

```
Serial.println("Umidade: " + String(umidade));
```

Similarmente à linha anterior, esta linha imprime o valor da umidade que foi enviado para o ThingSpeak. String(umidade) converte o valor da variável umidade, que é do tipo int, para uma string, e então a concatena com a mensagem "Umidade: ".

Essas linhas de código são úteis para depurar o programa e verificar se os dados foram enviados corretamente para o ThingSpeak. Ao observar a saída do monitor serial, você poderá confirmar que os valores de temperatura e umidade estão sendo enviados conforme o esperado.

Figura 4.7 – Fechar conexão com servidor

```
115
116     client.stop(); // Fecha a conexão com o servidor
117   }
118
```

Após o envio dos dados para o serviço, é necessário que seja fechada a conexão com o servidor para que o próximo envio se inicie a partir de um novo ciclo.

> client.stop(); // Fecha a conexão com o servidor

Esta linha de código chama o método stop() no objeto client, que representa a conexão TCP/IP estabelecida com o servidor ThingSpeak. O método stop() é usado para encerrar a conexão com o servidor. Isso é importante para liberar os recursos utilizados pela conexão e garantir que não haja vazamento de memória ou ocupação desnecessária de recursos.

Após o envio dos dados para o ThingSpeak, é recomendável fechar a conexão com o servidor para liberar recursos e permitir que outras conexões possam ser estabelecidas posteriormente, se necessário. Isso é especialmente importante em sistemas com recursos limitados, como o Arduino, em que a disponibilidade de recursos como memória RAM e conexões de rede pode ser limitada. Portanto, essa linha de código garante uma boa prática de programação, encerrando a conexão TCP/IP com o servidor ThingSpeak após o envio dos dados.

PUT: geralmente utilizado para atualizar um recurso existente no servidor. O cliente envia os novos dados do recurso ao servidor por meio de uma requisição PUT e o servidor atualiza o recurso com esses novos dados. Se o recurso especificado na requisição PUT não existir, alguns sistemas RESTful podem criar um recurso com os dados fornecidos.

Figura 4.8 – Exemplo de requisição PUT

```
39    // Exemplo de requisição PUT
40    enviarDados(temperatura, umidade); // Envia os dados para o ThingSpeak
41
```

DELETE: é utilizado para remover um recurso existente do servidor. O cliente envia uma requisição DELETE com a identificação do recurso que deseja remover, o servidor processa essa requisição e remove o recurso especificado; porém, o serviço deve ter a permissão para que ocorra a exclusão de dados.

Figura 4.9 – Função excluir dados do ThingSpeak usando requisição DELETE

```
119   // Função para excluir dados do ThingSpeak usando uma requisição DELETE
120   void deletarDados() {
121     if (client.connect(server, 80)) { // Conecta ao servidor ThingSpeak na porta 80
122       client.print("DELETE /channels/12345/feeds.json?api_key=" + apiKey + "\n"); // Substitua 12345 pelo ID do seu canal
123       client.print("Host: api.thingspeak.com\n");
124       client.print("Connection: close\n\n");
125
126       Serial.println("Dados excluídos do ThingSpeak.");
127     }
```

```
// Função para excluir dados do ThingSpeak usando uma
requisição DELETE

void deletarDados() {
```

Esta linha define a função deletarDados(), que será responsável por enviar uma requisição DELETE ao servidor ThingSpeak para excluir dados do canal.

```
if (client.connect(server, 80)) { // Conecta ao servidor
ThingSpeak na porta 80
```

Aqui é feita uma tentativa de conexão com o servidor ThingSpeak na porta 80 (porta padrão para comunicação HTTP). O if verifica se a conexão foi estabelecida com sucesso. Se a conexão for bem-sucedida, o bloco de código dentro do if será executado.

```
client.print("DELETE /channels/12345/feeds.json?api_key="
+ apiKey + "\n"); // Substitua 12345 pelo ID do seu canal
```

Esta linha envia a requisição DELETE para o servidor ThingSpeak, especificando o recurso a ser excluído. No exemplo, estamos excluindo os feeds do canal com ID 12345. Você deve substituir "12345" pelo ID do seu próprio canal. A chave de API é incluída na URL como parâmetro api_key, permitindo a autenticação.

```
client.print("Host: api.thingspeak.com\n");
```

É enviado o cabeçalho Host, indicando o host do servidor ThingSpeak para onde a requisição está sendo enviada.

```
client.print("Connection: close\n\n");
```

Este cabeçalho indica que a conexão com o servidor será fechada após o término da requisição.

```
Serial.println("Dados excluídos do ThingSpeak.");
```

Após o envio da requisição DELETE, uma mensagem é impressa no monitor serial indicando que os dados foram excluídos com sucesso do ThingSpeak.

Esse trecho de código é utilizado para enviar uma requisição DELETE para o servidor ThingSpeak, o que resulta na exclusão dos dados do canal especificado.

Esses métodos HTTP são fundamentais para implementar operações CRUD em uma API RESTful, fornecendo uma interface uniforme para manipular recursos em um sistema distribuído.

Interpretação das operações, parâmetros e processamento

A interpretação das operações, parâmetros e processamento é essencial no contexto de SOA, pois é uma metodologia abrangente para analisar e otimizar sistemas e processos, permitindo uma compreensão adequada de como os serviços funcionam e interagem. As unidades básicas de trabalho dentro de um sistema ou processo são ações específicas e mensuráveis que executam uma tarefa específica.

Como exemplos de operações, podemos mencionar: registrar uma nova venda em um sistema de vendas; montar um componente em um processo de manufatura; atualizar as informações de contato de um cliente em um sistema de gerenciamento de clientes; etc.

As variáveis definem como uma operação é executada, controlam e influenciam o comportamento e o resultado da operação. Podemos citar como exemplos da utilização de parâmetros:

- Em sistemas de vendas – o tipo de produto sendo vendido, o preço do produto e o método de pagamento utilizado.

- Em processos de manufatura – a temperatura do processo, a velocidade da máquina e a quantidade de material utilizado.

- Em sistemas de gerenciamento de clientes – o idioma de preferência do cliente, o canal de comunicação preferido e o nível de suporte necessário.

A maneira como as operações são combinadas e sequenciadas para realizar uma tarefa complexa acaba definindo o fluxo de trabalho e a lógica geral do sistema ou processo. Exemplos de processamento incluem:

- Em sistemas de vendas – o processo de checkout, que envolve a seleção de produtos, o cálculo do preço total, o processamento do pagamento e a entrega do produto.

- Em processos de manufatura – o processo de produção, que envolve várias etapas, como a obtenção de matéria-prima, a montagem dos componentes, o teste do produto final e a embalagem.

- Em sistemas de gerenciamento de clientes – o processo de *onboarding*, que envolve a criação de uma conta para o cliente, a coleta de informações de contato, a configuração de preferências e a oferta de treinamento.

Ao analisar as operações, os parâmetros e os processamentos dentro de um sistema ou processo, é possível identificar oportunidades para melhorar a eficiência, eliminar gargalos, reduzir o tempo de ciclo, otimizar o uso de recursos, aumentar a qualidade, diminuir erros, melhorar a confiabilidade e aumentar a precisão dos resultados. Além disso, conseguimos aprimorar a flexibilidade do sistema ao adaptar o sistema ou processo a mudanças nas condições ou requisitos e ao melhorar a tomada de decisão, pois obtemos insights sobre o seu comportamento, identificando áreas de risco e muitas vezes prevendo até mesmo resultados assertivos.

A SOA pode ser aplicada a qualquer tipo de sistema ou processo, desde sistemas de software até processos manuais. Ela é particularmente útil em sistemas complexos, com muitos componentes interligados.

Considere um sistema de gerenciamento de pedidos em um restaurante. A SOA pode ser usada para analisar as operações que incluem registrar um novo pedido, preparar o pedido, entregar o pedido e processar o pagamento. Os parâmetros podem incluir o tipo de pedido, o tempo de entrega desejado, o método de pagamento e as informações do cliente. O processamento pode incluir a verificação do estoque, a preparação da comida, a entrega da comida ao cliente e a cobrança do pagamento.

Ao analisar as operações, os parâmetros e o processamento, o restaurante pode identificar áreas para melhorar a eficiência, como reduzir o tempo de espera dos clientes ou otimizar o uso dos ingredientes.

Em suma, a SOA é uma ferramenta poderosa e, ao se concentrar nas operações, parâmetros e processamento, ela pode ajudar as empresas a melhorar a eficiência, a qualidade, a flexibilidade e a tomada de decisão.

Persistência de dados e gravação em banco de dados

Persistência de dados é a capacidade de armazenar informações de forma permanente, garantindo que elas não sejam perdidas mesmo após o término da aplicação ou com falhas no sistema. Isso significa que os dados persistem mesmo quando o computador é desligado ou quando a aplicação é fechada. A seguir, teremos algumas explicações a respeito desse tópico.

Qual a importância da persistência de dados?

A persistência de dados é crucial para diversos aspectos de um sistema, pois permite que os dados sejam acessados sempre que necessário, mesmo após reinicializações ou falhas, além de garantir que eles não sejam perdidos ou corrompidos, preservando sua integridade. Também possibilita a implementação de medidas de segurança para proteger os dados contra acessos não autorizados e facilita o crescimento do sistema, pois os dados podem ser armazenados em um local centralizado e acessados por vários usuários.

Como funciona a persistência de dados?

Geralmente ela é implementada por meio de um banco de dados, que é um software que gerencia o armazenamento e a recuperação de dados. O processo de persistência de dados em um banco de dados pode ser dividido em três etapas: armazenamento, gerenciamento e recuperação.

- Os dados são armazenados em um dispositivo de armazenamento permanente, como um disco rígido ou SSD.

- O banco de dados gerencia a organização e o acesso aos dados, garantindo sua consistência e segurança.

- Os dados podem ser recuperados quando necessário para serem usados pela aplicação.

Existem diversos tipos de bancos de dados, cada um com suas características e vantagens.

Bancos de dados relacionais armazenam dados em tabelas, com linhas e colunas, e são muito utilizados para aplicações transacionais. São aplicados em MySQL, PostgreSQL e Oracle.

Bancos de dados NoSQL são mais flexíveis que os bancos de dados relacionais e considerados ideais para armazenar grandes volumes de dados não estruturados. São aplicados em MongoDB, Cassandra e Redis.

Bancos de dados em nuvem são bancos de dados gerenciados que oferecem escalabilidade e flexibilidade, sendo ideais para aplicações em nuvem.

São aplicados principalmente nos seguintes sistemas: Amazon RDS, Google Cloud SQL e Azure Database for PostgreSQL.

Para gravar dados em um banco de dados, é necessário utilizar uma linguagem de consulta, como SQL (structured query language), que permite inserir, atualizar e excluir dados, além de realizar consultas complexas.

Figura 4.10 – Exemplo de gravação de dados em banco de dados MySQL

```
//SQL
INSERT INTO usuarios (nome, email, senha)
VALUES ("Luiz Silva", "luiz.silva@email.com", "Ls123456");
```

É importante escolher o tipo de banco de dados adequado para a sua aplicação, levando em consideração o volume de dados, a necessidade de escalabilidade e o tipo de dados que serão armazenados. Também é necessário implementar medidas de segurança para proteger os dados contra acessos não autorizados, como criptografia e autenticação.

A gravação de dados no banco de dados é crucial para o desempenho da aplicação. É fundamental otimizar as consultas SQL e o schema (método organizacional do relacionamento) do banco de dados para garantir um bom desempenho.

Recuperação de dados de dados

A expressão "recuperação de dados de dados" pode parecer redundante, mas, na verdade, se refere a duas áreas distintas dentro do campo de recuperação de dados.

Recuperação de dados de metadados (metadados são informações sobre os dados, como nome do arquivo, tipo, data de criação, modificação e acesso) e se concentra em recuperar essas informações quando o conteúdo do arquivo em si está perdido ou corrompido. Isso pode ser útil para identificar e organizar arquivos, mesmo que o conteúdo original não esteja disponível.

Já a recuperação de dados de backups (cópias de segurança dos dados armazenadas em um local diferente do original) se baseia em restaurar os dados a partir de um backup caso o original seja perdido ou corrompido. Essa é uma forma segura e confiável de recuperar dados perdidos em diversas situações.

E a recuperação de dados em um serviço RESTful se refere ao processo de obter dados de um servidor usando a arquitetura REST (Representational State Transfer). Aqui estão alguns pontos importantes:

Identificação de recursos: em um serviço RESTful, os dados são acessados por meio de recursos, que são identificados por URLs únicas.

Uso de métodos HTTP: os métodos HTTP, como GET, POST, PUT e DELETE, são usados para realizar operações nos recursos. Por exemplo, o método GET é usado para recuperar dados de um recurso.

Representação dos recursos: os recursos são geralmente representados em formatos como JSON ou XML. Quando você faz uma solicitação GET para um recurso, o servidor retorna os dados do recurso nesse formato.

Stateless: as APIs RESTful são stateless, o que significa que cada solicitação contém todas as informações necessárias para entender e processar a solicitação. Isso permite que os dados sejam facilmente recuperados, independentemente do estado anterior do servidor.

HATEOAS (hypermedia as the engine of application state): o uso de links em respostas permite que os clientes da API naveguem por recursos relacionados.

Portanto, a recuperação de dados em um serviço RESTful envolve fazer uma solicitação HTTP para a URL de um recurso e processar a resposta, que geralmente contém os dados do recurso em um formato facilmente manipulável pelo cliente, como JSON ou XML.

Persistência parcial de dados e gravação em banco de dados

A persistência parcial de dados se refere à prática de armazenar apenas um subconjunto de dados em um banco de dados, enquanto os dados restantes são armazenados em outro local, como um arquivo ou cache. Essa técnica pode ser útil em várias situações, como veremos a seguir. Ao armazenar apenas os dados mais usados, as consultas podem ser executadas mais rapidamente.

O armazenamento em banco de dados pode ser caro, especialmente para grandes conjuntos de dados. Buscando sempre ajudar a reduzir custos, podemos manter dados menos utilizados em um local mais barato. Assim, utilizamos diferentes tecnologias de armazenamento para diferentes tipos de dados. Escalar seu sistema também se torna mais fácil, pois você pode adicionar mais armazenamento para os dados que mais precisam. Ademais, isso ajuda a proteger seus dados, pois você pode armazenar os que são confidenciais em um local mais seguro.

Existem várias maneiras de implementar a persistência parcial de dados. Uma maneira comum é usar um cache, armazenamento temporário de dados que pode ser acessado mais rapidamente do que um banco de dados. Quando um dado é acessado pela primeira vez, ele é carregado no cache. Nos acessos subsequentes, o dado é recuperado do cache, o que pode ser muito mais rápido do que recuperá-lo do banco de dados. Outra maneira de implementar a persistência parcial de dados é usar um arquivo. Os dados podem ser armazenados em um arquivo e, em seguida, carregados no banco de dados, quando necessário.

Quando usar a persistência parcial de dados?

A persistência parcial de dados não é adequada para todos os casos de uso. Você deve considerar usá-la quando perceber os seguintes procedimentos: quando você tem um grande conjunto de dados e apenas um subconjunto é usado com frequência; para otimizar o desempenho do seu sistema; redução de custos de armazenamento; maior flexibilidade para armazenar diferentes tipos de dados; para escalar seu sistema; e para proteger seus dados.

Mesmo após verificar a necessidade de utilização da persistência de dados, podem ser levantadas algumas desvantagens na sua aplicabilidade, como a complexidade e o fato de que, se os dados armazenados no banco de dados e em outros locais não forem sincronizados corretamente, podem surgir inconsistências. Além disso, caso os dados armazenados em outros locais não sejam protegidos adequadamente, eles podem ser acessados por usuários não autorizados.

A persistência parcial de dados pode ser uma técnica útil para otimizar o desempenho, reduzir custos e aumentar a flexibilidade do seu sistema. No entanto, é importante considerar as desvantagens antes de implementá-la. Listamos a seguir alguns exemplos de ferramentas para persistência parcial de dados:

> **Redis:** banco de dados NoSQL em memória que pode ser usado como cache.
>
> **Memcached:** banco de dados NoSQL em memória que pode ser usado como cache.
>
> **Apache Cassandra:** banco de dados NoSQL distribuído que pode ser usado para armazenar grandes conjuntos de dados.
>
> **Amazon S3:** serviço de armazenamento em nuvem que pode ser usado para armazenar arquivos.
>
> **Azure:** serviço de grande suporte, totalmente gerenciado, que oferece escalabilidade e alta disponibilidade; porém, a configuração e o gerenciamento de serviços de banco de dados do Azure podem ser complexos para usuários sem experiência em nuvem.

Verificar sempre a necessidade dos itens para a implantação e a oferta de cada tipo de ferramenta é primordial para o desenvolvimento, a implantação correta e para evitar erros na aplicabilidade do serviço solicitado.

Validação e exclusão de dados do banco de dados

A validação e exclusão de dados de um banco de dados são processos importantes para garantir a integridade e a precisão das informações armazenadas. Podemos citar uma explicação simples sobre ambos os conceitos:

Validação de dados

A validação de dados desempenha um papel crucial na garantia da qualidade e confiabilidade dos dados manipulados pelos serviços em uma arquitetura SOA, e o processo de verificação de dados inseridos em um banco envolve garantir que os dados estejam no formato certo e dentro dos limites aceitáveis. Por exemplo, se você tem um campo para a idade de uma pessoa, a validação pode garantir que apenas números inteiros sejam inseridos e que a idade esteja dentro de um intervalo razoável, como entre 0 e 130 anos.

Isso é fundamental para promover a integração eficiente e o funcionamento adequado dos sistemas envolvidos. Falaremos em seguida de alguns métodos essenciais de validação de dados em SOA.

Validação de schema:

Este método verifica se a estrutura dos dados está em conformidade com o schema definido para aquele tipo de dado. Isso inclui a verificação de elementos, atributos, tipos de dados e suas relações, garantindo a consistência e a interoperabilidade entre os sistemas.

Validação de tipo:

A validação de tipo confirma se os dados estão no formato correto, seja texto, número, data, entre outros. Garante-se que os dados estejam corretamente formatados para evitar erros de processamento e interpretação inadequada pelos serviços consumidores.

Validação de intervalo:

Esse método assegura que os dados estejam dentro de limites específicos, seja de valores numéricos, datas ou qualquer outra medida. Isso é importante para garantir a validade e a relevância dos dados, evitando dados inconsistentes ou inválidos.

Validação de unicidade:

A validação de unicidade garante que cada registro no banco de dados seja único, o que é crucial para evitar duplicatas ou inconsistências nos dados, mantendo a integridade e a precisão das informações armazenadas.

Validação de regras de negócio:

Este método verifica se os dados atendem às regras específicas do negócio ou da aplicação. Isso pode incluir restrições de negócios, validações personalizadas e verificações de conformidade com políticas organizacionais. Essa validação garante que os dados não apenas estejam corretos em termos de formato e valor, mas também em conformidade com as necessidades e requisitos do negócio.

Ao aplicar esses métodos de validação de dados de maneira eficaz, as organizações podem assegurar a integridade, qualidade e confiabilidade dos dados utilizados pelos serviços em uma arquitetura SOA, promovendo, assim, a interoperabilidade e o sucesso geral do sistema.

Existem várias ferramentas disponíveis para auxiliar nos métodos de validação em SOA. Aqui estão algumas das principais:

> **SoapUI:** efetua testes de serviços e suporta testes funcionais, de carga, de segurança e validação de serviços SOAP e REST. Permite criar testes automatizados para validar a entrada, saída e integridade dos serviços em uma arquitetura SOA.
>
> **Postman:** é muito popular para desenvolvimento e teste de APIs. Possibilita criar solicitações HTTP personalizadas para testar a funcionalidade e validar os resultados dos serviços RESTful. Essa ferramenta também oferece suporte para testes automatizados e monitoramento de desempenho.
>
> **XMLSpy:** efetua edição em arquivos XML e desenvolvimento relacionado a XML que oferece recursos avançados para validação de XML contra esquemas XML, incluindo DTDs, XML Schemas e RelaxNG. Permite validar a estrutura e o conteúdo dos documentos XML, garantindo a conformidade com os padrões estabelecidos.
>
> **JMeter:** efetua testes de carga e desempenho; é amplamente utilizada para testar aplicativos web, serviços web e servidores e pode ser configurada para simular cargas pesadas em serviços SOA, permitindo validar o desempenho e a escalabilidade dos serviços em diferentes cenários de uso.
>
> **Swagger/OpenAPI (agora conhecido como OpenAPI):** é uma especificação para documentação de APIs RESTful. Ferramentas

baseadas em Swagger, como Swagger UI e Swagger Editor, possibilitam criar e validar a documentação da API, o que pode ajudar na validação da estrutura e comportamento dos serviços REST.

Essas são apenas algumas das principais ferramentas disponíveis para auxiliar nos métodos de validação em SOA. Cada uma delas oferece recursos específicos para validar e testar diferentes aspectos dos serviços em uma arquitetura orientada a serviços. A escolha da ferramenta depende das necessidades específicas do projeto e das preferências da equipe de desenvolvimento.

Exclusão de dados

A exclusão de dados em um SOA deve ser feita com cuidado para evitar perda de informações importantes. O processo de remover registros ou informações específicas de um banco de dados pode ser necessário por várias razões, como dados obsoletos, duplicados, incorretos ou sensíveis que não são mais necessários. Antes de excluir dados, é importante garantir que não haja impacto negativo nas operações do sistema ou na integridade dos dados restantes. Isso pode envolver a verificação de dependências entre os dados ou a realização de backups para garantir que os dados excluídos possam ser restaurados, se necessário. A seguir, trataremos de alguns exemplos de como realizar essa ação.

Exclusão física:

A exclusão física remove os dados completamente do banco de dados, liberando o espaço de armazenamento. Essa abordagem é irreversível e os dados excluídos não podem ser recuperados sem um backup adequado. É útil quando os dados não são mais necessários e não há requisitos legais ou regulatórios para mantê-los.

Exclusão lógica:

A exclusão lógica, também conhecida como "soft delete", envolve marcar os dados como excluídos, alterando um atributo ou adicionando uma marcação especial que indica que o registro não está mais ativo. Os dados "excluídos" ainda permanecem no banco de dados, mas não são mais considerados em operações regulares. Essa abordagem permite a recuperação dos dados, se necessário, e é útil para evitar a perda de informações importantes por engano.

Políticas de retenção de dados:

As políticas de retenção de dados estabelecem regras para determinar quando os dados podem ser excluídos com base em requisitos legais, regulatórios ou organizacionais. Essas políticas definem períodos de retenção específicos para diferentes tipos de dados, levando em consideração fatores como conformidade com regulamentos de privacidade, necessidades de auditoria e requisitos de negócios.

Backups:

Realizar backups regulares do banco de dados é essencial para proteger os dados contra perdas acidentais ou corrupção. Os backups garantem a disponibilidade de cópias dos dados em caso de falha do sistema, erro humano, ataque cibernético ou desastre natural. Eles são essenciais para a recuperação de dados em emergências e devem ser armazenados de forma segura e em lugares fora do local de produção.

Antes de excluir dados, é importante avaliar como essa exclusão afetará os serviços que dependem desses dados. Isso inclui identificar quais serviços serão impactados, se haverá interrupções no funcionamento do sistema e se será necessário atualizar ou modificar os serviços afetados para lidar com a exclusão de dados. Essa avaliação ajuda a mitigar possíveis problemas e garantir a continuidade das operações após a exclusão dos dados.

Esses métodos de exclusão fornecem uma estrutura abrangente para gerenciar efetivamente os dados em um banco de dados, garantindo conformidade, segurança e disponibilidade dos dados.

Aqui estão algumas ferramentas para métodos de exclusão de dados:

SQL (structured query language): SQL é uma linguagem padrão para gerenciamento de bancos de dados relacionais. Ele oferece comandos como DELETE para excluir registros de tabelas. SQL é amplamente utilizado em sistemas de banco de dados como MySQL, PostgreSQL, Oracle, SQL Server, entre outros.

Hibernate: é um framework de mapeamento objeto-relacional para a linguagem de programação Java. Ele fornece suporte para realizar operações de banco de dados de forma orientada a objetos. Com o Hibernate, é possível definir consultas HQL (hibernate query language) para excluir objetos de bancos de dados de forma eficiente.

Spring Data JPA: projeto do Spring Framework que simplifica o acesso a dados em aplicativos Java, especialmente usando JPA (Java Persistence API). Ele fornece métodos convenientes para realizar operações de CRUD (create, read, update, delete) em bancos de dados, incluindo a exclusão de entidades.

DBeaver: ferramenta de banco de dados universal e gratuita para desenvolvedores e administradores de banco de dados. Suporta vários bancos de dados, incluindo MySQL, PostgreSQL, Oracle, SQL Server, entre outros, e oferece uma interface intuitiva para executar consultas SQL, incluindo instruções de exclusão de dados.

DataGrip: é uma IDE de banco de dados desenvolvida pela JetBrains. Ela oferece suporte a uma ampla gama de bancos de dados relacionais e não relacionais. Com o DataGrip, é possível escrever e executar consultas SQL, incluindo instruções de exclusão de dados, de forma eficiente e conveniente.

Agora, vamos às ferramentas para validação e transformação de dados em grande escala:

Apache Spark: framework de processamento de dados distribuído e de código aberto que oferece suporte a análise de dados em larga escala. Ele fornece APIs em várias linguagens de programação, como Scala, Java, Python e SQL, e inclui bibliotecas para processamento de dados estruturados, como Spark SQL, e para aprendizado de máquina, como MLlib.

Apache Flink: framework de processamento de dados distribuído e de código aberto. Ele oferece suporte à análise de dados em tempo real e em lote e é altamente escalável e tolerante a falhas. O Flink fornece APIs em Java e Scala para desenvolver aplicativos de análise de dados em larga escala.

Hadoop MapReduce: modelo de programação para processamento de dados distribuído em clusters de computadores. Embora tenha sido substituído em grande parte por frameworks mais recentes, como Spark e Flink, ainda é amplamente utilizado em sistemas legados e em ambientes nos quais o processamento em lote é preferido.

Essas ferramentas são amplamente utilizadas na indústria para lidar com grandes volumes de dados e realizar análises de dados em larga escala. Cada uma delas tem suas próprias características e casos de uso específicos, e a escolha da ferramenta depende dos requisitos do projeto e das preferências da equipe de desenvolvimento.

Não seria uma receita de bolo, porém, recomendam-se algumas boas práticas nesse momento, como:

- sempre documente os processos de validação e exclusão de dados;
- implemente testes para garantir que os processos funcionem corretamente;
- monitore os processos para identificar e corrigir problemas;
- sempre tenha em foco que a validação e a exclusão de dados são processos importantes para garantir a qualidade e a confiabilidade dos dados em um SOA. Implemente esses processos com cuidado e utilize as ferramentas e recursos disponíveis para otimizar seus resultados.

Códigos, respostas, mensagens personalizadas

Em SOA, a comunicação entre serviços é crucial para o bom funcionamento do sistema. Essa comunicação geralmente envolve a troca de mensagens, que podem conter diversos tipos de informações, como códigos, respostas e mensagens personalizadas.

Códigos: são usados para identificar o tipo de mensagem que está sendo enviada. Eles podem ser simples números ou strings, ou podem ser códigos mais complexos com significados específicos. Por exemplo, um código pode indicar que a mensagem é uma solicitação de serviço, uma resposta a uma solicitação, ou uma mensagem de erro.

Respostas: são mensagens enviadas por um serviço em resposta a uma solicitação de outro serviço. Elas geralmente contêm os resultados da operação solicitada, ou podem indicar que a operação não foi bem-sucedida.

Mensagens personalizadas: são mensagens que podem ser enviadas por um serviço a outro para comunicar informações que não se encaixam em uma categoria específica. Elas podem ser usadas para enviar informações de log, para notificar sobre eventos ou para qualquer outro propósito que seja necessário.

A seguir, veremos alguns exemplos de como códigos, respostas e mensagens personalizadas podem ser usados em SOA.

Solicitação de serviço: um serviço envia uma mensagem para outro com um código que indica o tipo de operação que está sendo solicitada. A mensagem também pode conter dados que são necessários para realizar a operação.

Resposta a uma solicitação: o serviço que recebeu a solicitação envia uma mensagem de volta para o que a enviou. A mensagem contém um código que indica se a operação foi bem-sucedida ou não, e pode conter os resultados da operação.

Mensagem de erro: se ocorrer um erro durante a execução de uma operação, o serviço que a está executando pode enviar uma mensagem de erro para o serviço que a solicitou. A mensagem de erro contém um código que indica o tipo de erro que ocorreu, e pode conter informações adicionais sobre o erro.

Mensagem de log: um serviço pode enviar uma mensagem de log a outro para registrar informações sobre suas atividades. A mensagem de log pode conter informações como a data e hora da atividade, o tipo de atividade que foi realizada e os dados que foram usados na atividade.

Notificação de evento: um serviço pode enviar uma mensagem a outro para notificá-lo sobre um evento que ocorreu. A mensagem de notificação pode conter informações como o tipo de evento que ocorreu, a data e hora do evento e os dados que estão relacionados ao evento.

O uso de códigos, respostas e mensagens personalizadas em SOA oferece várias vantagens, como maior flexibilidade, melhor interoperabilidade e maior confiabilidade. Em resumo, maior flexibilidade é a capacidade de enviar mensagens personalizadas, o que permite que os serviços se comuniquem de forma mais flexível e eficiente; melhor interoperabilidade durante o uso de códigos padronizados para identificar os tipos de mensagens facilita a interoperabilidade entre diferentes serviços; e maior confiabilidade das mensagens personalizadas deve ser usada para fornecer informações de log e de erro, o que pode ajudar a melhorar a confiabilidade do próprio sistema.

O uso de códigos, respostas e mensagens personalizadas em SOA também apresenta alguns desafios, como complexidade de gerenciar o código, segurança das mensagens e gerenciamento de versão. Além disso, a necessidade de definir e gerenciar códigos e mensagens personalizadas pode aumentar a complexidade do sistema.

As mensagens personalizadas podem ser usadas para transportar dados confidenciais, o que exige medidas de segurança adequadas. Tratando-se de gerenciamento de versão, as mudanças nos códigos e mensagens personalizadas podem exigir que os serviços sejam atualizados, o que pode ser um processo trabalhoso. Assim, o uso de códigos, respostas e mensagens personalizadas em SOA pode oferecer várias vantagens, mas também apresenta alguns desafios. É importante considerar esses fatores ao projetar e implementar um sistema SOA.

Melhores práticas para autenticação e tokens

A autenticação e o gerenciamento de tokens são aspectos cruciais para a segurança em SOA. Implementar boas práticas garante a proteção de seus serviços e dados contra acessos não autorizados.

Então, é interessante que você utilize um mecanismo de autenticação centralizado para implementar um serviço de autenticação único (SSO) que converge a lógica de autenticação para todos os serviços SOA. Isso facilita o gerenciamento de usuários e credenciais. Além disso, adote protocolos de autenticação padrão e use protocolos como OAuth2, SAML ou WS-Security para garantir interoperabilidade entre diferentes serviços SOA.

É importante também que você implemente a autenticação multifator (MFA), ou seja, que exija mais de um fator de autenticação, aumentando assim a segurança, como senha e token de software ou hardware.

Armazene as credenciais com segurança e utilize criptografia para guardar senhas e tokens em um local seguro. Também use tokens de curta duração e defina um tempo de expiração curto para tokens de acesso, invalidando-os após um período de inatividade. Ademais, invalide tokens de forma segura: ao revogar um token, invalide-o na origem e em todos os caches, e gere tokens regularmente, forçando os usuários a realizar a troca periodicamente, para aumentar a segurança.

Você também deve utilizar criptografia para tokens, para protegê-los contra interceptação e adulteração, e implementar validação de token em cada serviço antes de conceder acesso a recursos.

Além disso, use HTTPS para comunicação entre serviços e criptografe essa comunicação para garantir a confidencialidade e integridade dos dados. Também é importante elaborar firewalls de aplicativos web (WAF) para proteger seus serviços SOA contra ataques de injeção de SQL, Cross-site Scripting (XSS) e outros ataques da web.

Monitore e audite seus serviços SOA para detectar atividades suspeitas e identificar possíveis violações de segurança.

Ao efetivar essas práticas, você consegue garantir a segurança da autenticação e do gerenciamento de tokens em sua arquitetura SOA, protegendo seus serviços e dados contra acessos não autorizados.

Chamadas síncronas e assíncronas

As APIs RESTful são uma das ferramentas mais utilizadas para comunicação entre sistemas na web. No entanto, existem duas formas de realizar essas chamadas: síncronas e assíncronas. Cada uma possui suas vantagens e desvantagens, que podem afetar significativamente o desempenho e a usabilidade da sua aplicação.

Chamadas síncronas: o funcionamento da chamada bloqueia a execução do código até que a resposta seja recebida. É como esperar em uma fila para ser atendido. Suas principais vantagens são: a simplicidade, o imediatismo e o controle. Citamos a simplicidade porque é fácil de implementar e entender, ideal para iniciantes; já o imediatismo surge quando a resposta é recebida instantaneamente, o que pode ser crucial para algumas aplicações; e, por fim, falamos de controle porque o fluxo de execução é mais previsível, facilitando o debug e a detecção de erros.

Dentre as desvantagens, podemos citar: a latência, o bloqueio e a escalabilidade. Aqui, a latência é definida pela espera da resposta, o que pode ser problemático para aplicações que exigem alta performance. Além disso, há o bloqueio do thread, que faz a requisição ficar "presa" até a resposta chegar, impedindo o processamento de outras tarefas. E um dos fatores mais críticos nesse formato é a escalabilidade, uma vez que pode ser difícil escalar o serviço em aplicações com muitas chamadas síncronas, pois a latência e o bloqueio podem aumentar significativamente.

Chamadas assíncronas: a chamada não bloqueia a execução do código. A resposta é recebida em um momento posterior, por meio de um call-back ou evento. É como pedir um lanche no balcão e continuar fazendo suas compras enquanto espera.

Dentre as vantagens, temos: a performance, a escalabilidade e a eficiência. A performance permite que a aplicação continue funcionando enquanto a resposta é aguardada, o que é ideal para aplicações que exigem alta performance. Já a escalabilidade facilita o escalamento da aplicação, pois os threads não ficam bloqueados à espera da resposta. Por fim, podemos falar da eficiência, que permite que a aplicação realize outras tarefas enquanto aguarda a resposta, otimizando o uso dos recursos do sistema.

Dentre as desvantagens, podemos citar: a complexidade, o assincronismo e a dependência. A complexidade ocorre porque a implementação dessa chamada é mais complexa que a das síncronas, uma vez que exige um conhecimento mais aprofundado de programação. Além disso, o assincronismo durante o fluxo de execução é menos previsível, o que pode dificultar o debug e a detecção de erros. E, no quesito dependências, temos a necessidade de implementar call-backs ou eventos para receber a resposta, o que pode gerar um código mais complexo e difícil de manter.

Agora, sabendo de tudo isso, como decidir quando usar cada tipo de chamada?

A escolha entre chamadas síncronas e assíncronas depende de diversos fatores, como a necessidade de resposta imediata, a performance, a complexidade da implantação e a preferência pessoal. Se há necessidade de resposta imediata, ou seja, se a resposta da API é necessária para continuar a execução da sua aplicação, use chamadas síncronas. Caso a performance seja definida como um item crítico, use chamadas assíncronas.

Dependendo da complexidade da implementação, e também caso você esteja começando e ainda não tenha amplo conhecimento, use chamadas síncronas. Porém, se você tiver um conhecimento mais amplo e precisar de mais performance e escalabilidade, use chamadas assíncronas.

Em resumo, para escolher entre os dois tipos de chamadas, você deve analisar as necessidades do código e também a sua preferência pessoal, o tipo de chamada com o qual você se sente mais confortável.

A seguir, temos alguns exemplos de APIs RESTful para cada tipo de chamada:

Síncronas: Google Maps API, Twitter API, Facebook Graph API.

Assíncronas: Spotify API, YouTube API, Dropbox API.

Envio de parâmetros e tratamentos de respostas

Envio de parâmetros

Em SOA, a eficácia na comunicação entre serviços é crucial para garantir a interoperabilidade e o fluxo eficiente de dados. Abordaremos aqui os principais métodos e boas práticas para o envio de parâmetros e o tratamento de respostas.

Query Strings:

Este método consiste em anexar parâmetros na URL como pares chave-valor. Embora seja simples, é limitado em tamanho e legibilidade, sendo mais adequado para parâmetros simples e de tamanho reduzido.

Parâmetros na URI:

Aqui, os parâmetros são incorporados na estrutura da URI. Embora mais legível, pode tornar-se complexo em URIs longas, exigindo uma cuidadosa consideração da organização e da hierarquia dos parâmetros.

Corpo da mensagem:

Neste método, os parâmetros são enviados no corpo da mensagem, geralmente em formatos como JSON, XML ou SOAP. Essa abordagem é mais flexível e robusta, permitindo a transmissão de dados estruturados e complexos de forma eficiente.

Cabeçalhos HTTP:

O envio de parâmetros como cabeçalhos HTTP específicos é uma prática útil, especialmente para informações de autenticação ou metadados. Isso separa os parâmetros da carga útil da mensagem, facilitando a identificação e o processamento por parte do serviço receptor.

Ao considerar esses métodos de envio de parâmetros, é importante escolher aquele que melhor se adequa aos requisitos do sistema em termos de legibilidade, complexidade dos dados e segurança. Cada método tem suas vantagens e limitações, e a seleção do método apropriado depende do contexto específico de implementação e dos objetivos do sistema.

Podemos implantar medidas para boas utilizações, como:

- documentar os parâmetros, descrevendo claramente o nome, tipo, valor padrão e significado de cada parâmetro;
- validar os parâmetros para garantir que os valores recebidos estejam dentro do formato e intervalo esperados;
- tratar erros de validação e retornar mensagens de erro claras e descritivas para valores inválidos;
- usar um formato padrão adotando um formato de serialização, como JSON ou XML, para facilitar a leitura e manipulação dos parâmetros.

Tratamento de respostas

Tratamento de respostas em SOA é o processo de lidar com informações que são retornadas após solicitar um serviço. Quando é efetuada uma solicitação a um serviço em um ambiente SOA, como pedir uma previsão de tempo em uma determinada localização, o tratamento de respostas é o que você faz com as informações que o serviço retorna.

Por exemplo, após solicitar a previsão do tempo para uma determinada localização, o serviço retorna os dados meteorológicos, como temperatura, umidade e condições climáticas previstas. O tratamento de respostas envolve analisar esses dados e formatá-los de uma maneira mais compreensível e relevante para o usuário final, por exemplo, exibindo-os em um aplicativo ou website.

Além disso, o tratamento de respostas também pode incluir o ato de verificar se os dados retornados estão corretos e se não há erros. Por exemplo, garantir que a resposta inclua a localização correta e que as informações meteorológicas estejam atualizadas e precisas.

O tratamento de respostas em uma arquitetura SOA é o processo de receber, analisar e usar as informações retornadas pelos serviços para atender às necessidades do usuário final.

Gerenciamento de erros:

É importante implementar uma estratégia robusta para lidar com erros e exceções nas respostas dos serviços. Isso pode incluir a definição de códigos de status claros, mensagens de erro descritivas e a adoção de padrões como RESTful API Response Codes.

Padronização de formato de resposta:

É necessário definir um formato padrão para as respostas dos serviços, como JSON ou XML, e garantir consistência em toda a arquitetura, pois isso facilita o processamento e a interpretação das respostas pelos consumidores dos serviços.

Paginação e cache:

Quando aplicável, elaborar técnicas de paginação e cache para lidar com grandes volumes de dados e reduzir a sobrecarga nos serviços. Isso ajuda a melhorar o desempenho e a escalabilidade do sistema.

Validação de mensagens:

É interessante realizar a validação de mensagens recebidas para garantir que estejam corretas e consistentes com as expectativas do sistema. Nesse momento, é possível incluir a verificação da estrutura, formatação e conteúdo das mensagens.

Logging e monitoramento:

Outro ponto fundamental é implementar logs detalhados e mecanismos de monitoramento para registrar o fluxo de mensagens e identificar possíveis problemas, como mensagens perdidas, atrasos de processamento ou erros de integração. Essa medida ajuda na detecção e resolução rápida de problemas.

Análise de dados:

Devemos utilizar ferramentas de análise de dados para extrair insights valiosos a partir das mensagens trocadas entre os serviços. Isso pode incluir a identificação de padrões de uso, tendências de desempenho e necessidades de otimização do sistema.

Formato da resposta:

É importante também identificar o formato da resposta (JSON, XML, SOAP, etc.) e usar ferramentas adequadas para sua análise.

Conteúdo da resposta:

Ademais, é fundamental extrair os dados relevantes da resposta, como resultado da operação, dados de retorno ou mensagens de erro.

Podemos estar sempre efetuando a documentação, validação e tratativa de erros. Sendo assim, seguem algumas boas práticas:

- documentar a estrutura da resposta;

- descrever os elementos e atributos da resposta para facilitar a interpretação;

- validar a resposta e verificar se ela está completa, se os dados são consistentes e se há erros;

- tratar erros de resposta e lidar com os diferentes tipos de erros de forma adequada, exibindo mensagens de erro para o usuário ou tratando-os internamente;

- implementar mecanismos para capturar e tratar exceções inesperadas durante o processamento da resposta.

Considerações adicionais:

É fundamental implementar medidas de segurança adequadas para proteger os parâmetros e a resposta contra acesso não autorizado, interceptação ou falsificação. Além disso, precisamos considerar o uso de cache para armazenar respostas, otimizar o desempenho e reduzir o tempo de resposta. Também é necessário monitorar o envio de parâmetros e o tratamento de respostas para identificar e solucionar problemas de comunicação.

Podemos tomar como exemplo um serviço que busca informações sobre um produto por ID. O serviço recebe o ID do produto como parâmetro na URL e retorna um objeto JSON com as informações desse produto.

Figura 4.11 – Recuperar dados utilizando o método GET

```
1   GET /api/produtos/{id}
2
3   Exemplo de resposta:
4
5   {
6     "id": 123,
7     "nome": "Produto X",
8     "descricao": "Descrição do produto X",
9     "preco": 100.00
10  }
```

Aqui, o cliente do serviço precisa enviar o ID do produto na URL e tratar a resposta JSON para extrair as informações desejadas.

O envio de parâmetros e o tratamento de respostas são elementos cruciais para o bom funcionamento de uma SOA. A escolha dos métodos adequados, a documentação clara e a implementação de boas práticas garantem a interoperabilidade, a segurança e o fluxo de dados eficiente entre os serviços.

TESTES UNITÁRIOS

Os testes unitários são um componente crucial para garantir a qualidade e a confiabilidade de sistemas orientados a serviços. Ao testar unidades individuais de software em isolamento, os desenvolvedores podem identificar e corrigir bugs com mais rapidez e eficiência, evitando problemas no futuro.

Aqui, exploraremos os principais conceitos e ferramentas relacionados a testes unitários em sistemas SOA, fornecendo uma base sólida para implementação eficaz em seus projetos.

Conceitos e ferramentas

A seguir, separamos algumas definições importantes e que podem lhe ajudar a navegar por esse assunto.

Testes unitários: avaliam o comportamento de unidades individuais de software, como classes, métodos ou funções, em isolamento.

Mocking: é a técnica que simula o comportamento de dependências externas, permitindo testes em isolamento.

Stubs: são implementações simples de dependências que fornecem respostas predefinidas para chamadas.

Mocks: fazem simulações mais sofisticadas de dependências que podem ser configuradas para diferentes cenários de teste.

Teste de integração: é toda a verificação da interação entre diferentes unidades de software em um sistema SOA.

Além disso, temos alguns exemplos de ferramentas úteis:

Junit: framework de testes unitários popular para Java.

Mockito: biblioteca de mocking amplamente utilizada para Java.

NUnit: framework de testes unitários para .NET.

VisualStudio Test Explorer: ferramenta integrada ao Visual Studio para gerenciar e executar testes unitários.

SoapUI: ferramenta para testar APIs SOAP.

Postman: ferramenta para testar APIs RESTful.

Vários são os benefícios dos testes unitários em SOA. A partir dos testes, é possível efetuar: a detecção precoce de erros para identificar problemas em unidades individuais antes que afetem o sistema como um todo; melhorias na qualidade do código, promovendo a implementação de um código mais robusto e confiável; a redução de custos de desenvolvimento, o que diminui também o tempo e o esforço gastos na correção de bugs; o aumento da velocidade de desenvolvimento, permitindo um ciclo mais rápido e eficiente; e uma maior confiabilidade do sistema, para garantir que ele seja mais estável e menos propenso a falhas.

Alguns desafios e considerações que devemos levar em conta são:

- a complexidade de testes de sistemas SOA pode ser maior devido à natureza distribuída e interdependente dos serviços;
- é importante gerenciar as dependências entre serviços para garantir testes eficazes;
- implementar testes unitários exige tempo e esforço adicionais durante o processo de desenvolvimento.

Nesse momento, devemos falar das diversas abordagens para testes unitários em SOA. Seguem os exemplos:

Testes de unidade de serviço: testam o comportamento individual de cada serviço em isolamento.

Testes de integração de serviço: são feitos para verificar a interação entre diferentes serviços em um cenário específico.

Testes de ponta a ponta: simulam o fluxo completo de uma transação que envolve vários serviços.

Os testes unitários são uma ferramenta essencial para garantir a qualidade e a confiabilidade de sistemas SOA. Ao compreender os conceitos, ferramentas e desafios relacionados a essa prática, os desenvolvedores podem implementar testes eficazes que contribuam para o sucesso de seus projetos.

PARA SABER MAIS

Recomendações para explorar a arquitetura orientada a serviços (SOA):

Caso você se interesse em aprofundar o conhecimento sobre SOA e suas aplicações, aqui estão algumas sugestões que podem enriquecer sua compreensão e prática:

Leitura recomendada: *Service-oriented architecture: concepts, technology, and design*, de Thomas Erl. Esse livro aborda os conceitos fundamentais da SOA, suas tecnologias subjacentes e as melhores práticas de design. Ideal tanto para iniciantes quanto para profissionais experientes.

Filme: *Matrix* (1999), dirigido por Lana Wachowski e Lilly Wachowski. Embora seja um filme de ficção científica, *Matrix* oferece uma interessante analogia para entender a SOA, explorando temas como sistemas complexos, controle centralizado *versus* descentralizado e interoperabilidade.

Série: *Black Mirror* (2011-2019), criada por Charlie Brooker. Embora não seja diretamente relacionada à SOA, *Black Mirror* oferece uma visão provocativa sobre as consequências sociais e éticas da tecnologia, o que pode inspirar reflexões sobre as implicações da implementação de sistemas orientados a serviços.

Visitação virtual: Museu de Arte Moderna (MoMA), Nova York, EUA. O MoMA oferece uma experiência virtual rica na qual você pode explorar diversas exposições de arte moderna e contemporânea. Essa visita pode inspirar sua criatividade ao pensar em novas abordagens para o design e a implementação de serviços na arquitetura SOA. Disponível em: https://www.moma.org/.

Essas sugestões proporcionarão uma ampla perspectiva sobre a SOA, desde seus princípios básicos até suas aplicações práticas, incentivando uma compreensão mais profunda e uma abordagem criativa na implementação de projetos baseados em SOA.

ARREMATANDO AS IDEIAS

Durante um projeto de desenvolvimento de software, optamos por adotar uma abordagem SOA para garantir a flexibilidade e a reutilização de componentes em diferentes partes do sistema. Isso nos permitiu criar serviços independentes para funcionalidades específicas, como autenticação de usuários, processamento de pagamentos e gerenciamento de pedidos. Além desses serviços fundamentais, decidimos integrar também o consumo de dados do ThingSpeak, uma estação meteorológica, para inserir em um site de um cliente.

Ao incorporar o consumo de dados do ThingSpeak na SOA, pudemos estabelecer um serviço dedicado para coletar e processar as informações de temperatura e umidade. Esse serviço foi então integrado de forma eficiente ao sistema principal, aproveitando os princípios de modularidade da SOA, o que nos permitiu fornecer ao cliente dados meteorológicos atualizados em tempo real diretamente em seu site, melhorando assim a experiência do usuário.

Além disso, a escolha pela abordagem SOA facilitou a manutenção e evolução do sistema ao longo do tempo. Quando houve a necessidade de atualizar ou expandir os serviços, pudemos fazê-lo de forma independente, sem afetar outras partes do sistema. Isso resultou em uma resposta mais ágil às demandas do cliente e em uma capacidade contínua de adaptar o sistema às suas necessidades em constante mudança.

Essa experiência destacou os benefícios tangíveis da arquitetura orientada a serviços, não apenas em termos de modularidade e escalabilidade, mas também em sua capacidade de integrar facilmente novas funcionalidades, como o consumo de dados externos, de maneira eficiente e eficaz.

O site em questão, que faz parte do meu mestrado, é: estacaouniso.42web.io.

FUNDAMENTOS DE DESENVOLVIMENTO WEB BACK-END

Referências

ABSTRAIR. *In*: DICIO, Dicionário Online de Português. Porto: 7Graus, 2024. Disponível em: https://www.dicio.com.br/abstrair/. Acesso em: 26 jun. 2024.

ALVES, André. **Arquitetura de software para desenvolvimento web**. São Paulo: Novatec Editora, 2023.

AMAZON WEB SERVICES – AWS. O que é SOA (arquitetura orientada a serviços)? **Amazon Web Services**, [s. l.; s. d.]. Disponível em: aws.amazon.com/pt/what-is/service-oriented-architecture. Acesso em: 6 jun. 2024.

BERBERT, Marcello. **Python para web:** desenvolva aplicações web completas com Python e Django. São Paulo: Casa do Código, 2023.

BRACKMANN, Christian Puhlmann. **Desenvolvimento do pensamento computacional através de atividades desplugadas na educação básica**. 2017. Tese (Doutorado) – Centro de Estudos Interdisciplinares em Novas Tecnologias na Educação, Universidade Federal do Rio Grande do Sul, Programa de Pós-Graduação em Informática na Educação, Porto Alegre, RS, 2017. Disponível em: https://www.lume.ufrgs.br/handle/10183/172208. Acesso em: 8 jan. 2024.

BR MODELO WEB. Ferramenta online para modelagem de banco de dados. **BR Modelo Web**, [s. l.; s. d.]. Disponível em: https://www.brmodeloweb.com/lang/pt-br/index.html. Acesso em: 12 mar. 2024.

CASTRO, Marcelo. **Node.js**: desenvolvimento web com JavaScript do lado do servidor. Rio de Janeiro: Alta Books, 2023.

COUGO, Paulo. **Modelagem conceitual e projeto de banco de dados**. 14ª tiragem. São Paulo: Campus, 1997.

ELMASRI, Ramez Elsmari; NAVATHE, Shamkant B. **Sistemas de banco de dados**. 6ª ed. São Paulo: Pearson, 2012. Disponível em: https://github.com/brunocampos01/banco-de-dados/blob/master/livros/Sistemas%20de%20Banco%20de%20Dados%20navathe%206%C2%AA%20Edicao.pdf. Acesso em: 6 jun. 2024.

ERL, Thomas. **Service-oriented architecture:** analysis and design for services and microservices. Hoboken: Prentice Hall, 2016.

FREITAS, Ricardo. **Desenvolvimento Web com PHP 8**: crie aplicações web completas com PHP 8 e seus frameworks mais populares. São Paulo: Casa do Código, 2023.

FUNDAÇÃO BRADESCO. **Fundamentos da lógica de programação**. Osasco, Fundação Bradesco, [s. d.]. Disponível em: https://lms.ev.org.br/mpls/Custom/Cds/COURSES/2856-FUND_LOG_PROGR/pag/1_0_0.html. Acesso em: 31 jan. 2024.

GUPTA, Lokesh. What is REST? **Blog REST API Tutorial**, [s. l.], 12 dez. 2023. Disponível em: https://restfulapi.net/. Acesso em: 6 jun. 2024.

IBM. What is service-oriented architecture (SOA)? **IBM**, Nova York, [s. d.]. Disponível em: https://www.ibm.com/topics/soa. Acesso em: 21 fev. 2024.

JP INSTITUTE OF SOFTWARE. Definition of Microservice. **JP Institute of Software**, [s. l.; s. d.]. Disponível em: https://jp-institute-of-software.com/439889679. Acesso em: 1 mar. 2024.

JSON.ORG. Introducing JSON. **JSON.org**, [s. l.; s. d.]. Disponível em: https://www.json.org/. Acesso em: 6 jun. 2024.

MANZANO, José Augusto N. G; Oliveira, Jair Figueiredo de. **Estudo dirigido de algoritmos**. 13 ed. São Paulo: Érica, 2009.

MICROSOFT LEARN. Documentação do Microsoft SQL - SQL Server. **Microsoft Learn**, [s. d.]. Disponível em: https://learn.microsoft.com/pt-br/sql/. Acesso em: 10 fev. 2024.

MULESOFT. O que é uma API RESTful? **MuleSoft**, São Francisco, [s. d.]. Disponível em: https://www.mulesoft.com/pt/resources/api/restful-api. Acesso em: 6 jun. 2024.

OLIVEIRA, Rafael. **JavaScript**: o guia completo. Rio de Janeiro: Casa do Código, 2023.

PROFLAB FORMAÇÕES CRIATIVAS. **Exercitando o pensamento computacional**. Recife, ProfLab [s. d.]. 1 infográfico, 2000 x 1414, 563 KB. Disponível em: https://www.souproflab.com.br/recursos/infograficos/. Acesso em: 9 jan. 2024.

RED HAT. O que é SOA (arquitetura orientada a serviços)? **Red Hat**, Raleigh, 7 ago. 2023. Disponível em: https://www.redhat.com/pt-br/topics/cloud-native-apps/what-is-service-oriented-architecture. Acesso em: 6 jun. 2024.

RED HAT. REST e SOAP: entenda as diferenças. **Red Hat**, Raleigh, 24 jan. 2024. Disponível em: https://www.redhat.com/pt-br/topics/integration/whats-the-difference-between-soap-rest. Acesso em: 6 jun. 2024.

SILVA, José Luiz da. **Cidades inteligentes**: implantação de estação meteorológica na Cidade Universitária da Universidade de Sorocaba. Orientador: Prof. Dr. José Martins de Oliveira Júnior. 2024. Dissertação (Mestrado em Processos Tecnológicos e Ambientais), Universidade de Sorocaba, Sorocaba, 2024.

WING, Jeannette M. Pensamento computacional. **Educação e Matemática**, Lisboa, n. 162, p. 2-4, 2021. Disponível em: https://em.apm.pt/index.php/em/article/download/2736/2781. Acesso em: 8 jan. 2024.

WING, Jeannette M. Computational thinking. **Association for Computing Machinery (ACM)**, Nova York, nº 49, 3 mar. 2006, p. 33-35. Disponível em: https://doi.org/10.1145/1118178.1118215. Acesso em: 9 jan. 2024.

XAVIER, Gley F. Cardoso. **Lógica de programação**. 11 ed. São Paulo: Editora Senac São Paulo, 2009.

W3C. SOAP Specifications. **W3C**, Wakefield, [*s. d.*]. Disponível em: https://www.w3.org/TR/soap/. Acesso em: 6 jun. 2024.

W3C. Extensible Markup Language (XML). **W3C**, Wakefield, [*s. d.*]. Disponível em: https://www.w3.org/XML/. Acesso em: 6 jun. 2024.

Sobre os autores

Glauco Pereira da Costa Santos é profissional de tecnologia da informação (TI) desde 2000 e bacharel em computação pela Unitau (Universidade de Taubaté) desde 2002. Atuou como analista de suporte na Prefeitura de Municipal de Taubaté e se desenvolveu atingindo a função de gestor da área de tecnologia da informação da Secretaria de Educação, em que atuou até 2013. Em 2010, se tornou também docente no Senac, onde atua em diversas áreas nos cursos técnicos de TI. Possui ainda formação nas áreas de redes e infraestrutura, pela Cisco Networking Academy e pelo Senac, e de desenvolvimento de sistemas e banco de dados, também pelo Senac. Atualmente, está fazendo MBA em desenvolvimento full stack pela Faculdade XP.

José Luiz da Silva possui graduação em publicidade e propaganda pela Universidade de Sorocaba (UNISO – 2005), em eletrônica automotiva pela Faculdade de Tecnologia de Sorocaba (Fatec – 2013) e em engenharia mecânica pela Faculdade Pitágoras (2017). Fez pós-graduação em educação do ensino superior pela Uninter (2019), em engenharia de segurança do trabalho pela Universidade Cândido Mendes (UCAM – 2020) e em engenharia ambiental pela Faculdade Única (2023). Além disso, fez mestrado em processos tecnológicos e ambientais pela UNISO (2024). Trabalhou como supervisor de manutenção na Rafh Manutenção Industrial. Atualmente, é professor de educação profissional no Senac Sorocaba, além de professor de educação profissional na Fundação Casa 3 e professor de MBA em gestão de projetos na UNIP, sempre em Sorocaba. Atua ainda como gestor de dados socioambientais.

Luciano Custódio é profissional com formação acadêmica e experiência nos campos da engenharia de computação e da segurança da informação. Graduado em engenharia de computação pela Universidade Federal de São Carlos (UFSCar), possui conhecimento em áreas como desenvolvimento de software, sistemas operacionais, redes de computadores e arquitetura de sistemas. É também tecnólogo em segurança da informação pela Universidade Santo Amaro (Unisa), e sua formação técnica é complementada por certificações em segurança da informação, sistemas operacionais e redes de computadores. Tem 17 anos de docência pelo Senac, lecionando em disciplinas que vão desde os fundamentos da computação até tópicos avançados de desenvolvimento de softwares, redes de computadores e segurança cibernética. Além disso, participa ativamente de projetos de pesquisa e desenvolvimento em ambientes agrícolas na empresa Mundo Slackware Security, contribuindo para a inovação tecnológica e a melhoria das práticas de desenvolvimento de sistemas para automatizar processos agrícolas com ênfase em segurança da informação.

Marta Roberta Pinheiro Garcia Teles é pós-graduanda em inteligência artificial para negócios pelo Senac (EAD). Além de programadora full stack, é especialista em educação para o ensino superior e tecnóloga em sistemas para internet, ambos os títulos pela Universidade Nove de Julho (Uninove). Atua como professora e tutora em projetos inovadores na área da tecnologia e como palestrante no Senac São José do Rio Preto. Trabalha ainda em cursos técnicos de informática, informática para internet, multimídia, jogos digitais e computação gráfica, também pelo Senac São José do Rio Preto.